三陸鉄道久慈駅「三陸リアス亭」のめかぶそば。三陸産のメカブを使用しており、磯の香りとネバネバ食感が癖になる一杯だ（→20ページ）

会津若松駅の駅そばは、JR系列会社から駅弁事業者が引き継ぎ、「立ちそば処鷹」に。レトロな雰囲気はそのままに、メニューは一新（→26ページ）

閉店したJR小山駅の駅そばの味を再現した、東武足利市駅の「おやまのきそば」。にしんそばは、小山駅時代にはなかったオリジナルメニューだ（→33ページ）

JR上野駅に登場した、無人営業の駅そば「セルフ駅そば」。まだまだ課題は残るものの、労働力不足に悩む駅そばの救世主となる可能性を秘めている（→40ページ）

“日本一狭い駅そば” の呼び声高い、塩尻駅「そば処 桔梗」。ジビエメニューの信州鹿肉そばを提供するなど、メニューも個性的な店である（→57ページ）

名古屋駅「よもだそば」のニラ天玉そば。野菜類の天ぷらに絶対的な自信をもつ東京発の店が、名古屋でも確固たる地位を築く（→74ページ）

JR新大阪駅「浪花そば」のたこ焼きそば。“初代”の頃に比べてたこ焼きがより本格的なものへ改良されている（→84ページ）

阪急塚口駅「蕎麦屋のサンジ」。ホームの駅そばとしては異例な広いフロアを擁する。だからこそ、この店舗だけ業態を変えられたのかもしれない（→90ページ）

佐古駅前に店舗を構える「とば作」。セルフで取る形式の店舗で乾燥天ぷらを用意しているのは珍しい。玉子天は、店内で揚げたものだ（→103ページ）

駅弁事業者の駅そばは、自社の駅弁を小分けして提供するごはんものも魅力的。写真は、今治駅「二葉」のじゃこ天うどんと鯛押し寿司（→108ページ）

在来線の改札内外両側から利用できる、新鳥栖駅「中央軒」。写真は、改札外側の客席から撮影。目の前に、改札内の客席とホームが広がる（→117ページ）

宮崎駅「三角茶屋 豊吉うどん」のごぼうそば。首都圏では「ごぼう天そば」と表記されるメニューだが、宮崎では「天」の字を入れない（→120ページ）

万代シテイバスセンター「万代そば」は、そばもカレーも美味しいと評判。両方食べたい場合は、腹具合と相談を（→142ページ）

松山空港到着ロビーの「うどん処 マドンナ亭」は、間仕切りがない店舗。到着ロビーを見渡しながらうどんを食べられる（→192ページ）

早朝のみ営業する秋田港の「みちのく」。フェリーの入港シーンを眺めながらの朝食は格別。写真は、手すきとろろ昆布そば（→220ページ）

3種の海藻を盛り分けた、両津港「のりば食堂しおさい」の海藻そば。ナガモのネバネバ感と、大きくカットしたメカブのコリコリ感が印象深い（→231ページ）

# 「駅そば」から広がる
# そば巡り

鉄道・バス・飛行機・船へ乗る前に、
至極の一杯を

鈴木弘毅
Suzuki Hiroki

交通新聞社新書 181

# まえがき

音威子府《おといねっぷ》駅、留萌《るもい》駅、遠軽《えんがる》駅、小山《おやま》駅、米原《まいばら》駅。かつて名店と呼ばれ親しまれた駅そばが、ここ数年で次々と歴史に幕を下ろしている。これらのニュースがとてもセンセーショナルだったこともあり、近年ではインターネット上などで〝駅そばは絶滅危惧種〟というフレーズをよく目にするようになってきた。

駅そばは、本当に絶滅が危ぶまれるような状況なのだろうか。

私は、そうではないと考える。確かに、地方では老舗の閉店が相次いでいる。ホームから駅そばが消滅しつつある現実も、直視しなければならないだろう。しかしいっぽうでは、新たに産声をあげる駅そばもある。ホームから姿を消した駅そばが、コンコースなどに移転して営業を再開するケースもある。決して減っていくばかりではないのだ。

駅そばの最新事情について考察するにあたり、重要なキーワードになるのは「技術革新」と「自由競争」ということになるだろう。近年の駅そば情勢の背景には、このふたつの要素が絡んでいる場合が多い。

技術革新は、厨房機器や食券販売機（精算システム）などの進化が中心だ。「早い・安い」が売りの駅そばも、慢性化する労働力不足に、新型コロナウィルス感染症（以下「コロナ」）の蔓延や食料価格急騰といった要因も重なり、廉価での提供が難しくなってきている。これらの課題を解決する切り札となりうるのが、技術革新なのだ。

具体的には、調理ロボットや冷蔵・冷凍設備、食券を購入すると同時に厨房へオーダーが通る仕組みの食券販売機などが挙げられる。電磁（ＩＨ）調理器やボタンひとつで定量のつゆを注げるマシンの導入も技術革新のうちだろう。とくに食券販売機は、客が直接操作するものであるため、私としても進化を実感する機会が多い。旧来のボタン式券売機を自動オーダー式のタッチパネル券売機に置き換えた店は数知れず、もはやタッチパネル式のほうが主流であるといっても過言ではないほど急速に普及している。

もうひとつのキーワードは、自由競争だ。国鉄時代には、一部の民衆駅を除いて、駅構内で営業できる事業者が限られており、自由競争の原理が働かない〝異空間〟を形成していた。それが、国鉄分割民営化から30年以上経過して、だいぶ変わってきた。主要駅には必ずといっていいほど駅ビルが併設され、国鉄時代の「営業権」をもたない事業者が一般のテナントとして参入できるようになった。このように自由競争により駅ナカの多様化が進むと、大手資本の店舗が各地に参入することで画一化も進むものである。駅ナカは、多様化と画一化という二律背反のようにも思える進化の道をたどっているのだ。

ところが、駅そばの世界は少し事情が異なる。駅ナカが自由競争の場となって30年以上が経過しても、いまだに大手資本チェーンによる全国統一化の動きがみられないのだ。牛丼、カレーライス、焼肉、寿司。大手資本のファストフード系チェーンがあらゆるジャンルの飲食業界で全国の駅ナカを席巻しても、その波は駅そばに及ぶことがない。牛丼の「吉野家」や「松屋」、天丼の「天丼てんや」などがいっときそばの扱いに注力し始めたように思えたが、その後なかなか伸びてこない。むしろ近年では縮小の道をたどっているようにすら感じる。

全国チェーン化は進まない駅そばの世界でも、自由競争の原理はしっかり働くようになってきている。全国的に、国鉄時代から営業していた事業者が営む店から、各地域の中小事業者や個人が営む店へ引き継がれるケースが多くなってきた。画一的な全国チェーン化ではなく、いっそう地域密着化する傾向がみられるのだ。このような変遷をたどる飲食店のジャンルはたいへん珍しく、駅そば文化の特異性が垣間見える。

国鉄分割民営化以降の駅ナカ大変革のなかで、残る店は残り、消える店は消える。そして、新たに芽生える店もある。この一連の流れは、駅そばの衰退史ではなく、国鉄分割民営化から30年以上経過してようやく表面化してきた新陳代謝なのだ。

では、駅そばはどのように変化し、時代の荒波を泳いでいるのか。それが、本書の大きなテーマである。本書の核となる第1章では、駅そばの新陳代謝に鑑みて話題性豊富な店舗のなかから、とくに思い入れが強く読者のみなさんにオススメしたい店舗をピックアップして紹介していく。みなさんの鉄道旅のガイドとして有用なだけでなく、駅そばの最新事情が分かる読み物としても楽しんでいただければ幸いである。

第2章以降では、少し視野を広げて、鉄道以外の交通ターミナル内の簡易的なそば店を取り上げたい。第2章では鉄道との接点も多いバスターミナルを、第3章では長距離移動の拠点となる空港ターミナルを、そして第4章ではフェリーターミナルについて考察を加えていく。これらの特性を浮き彫りにすることで、駅そばを俯瞰的な視野で考察することができると考える。こちらも、ガイドとしてご利用いただくのはもちろん、各交通ターミナルの特徴から駅そばの特異性を再確認する読み物としても楽しんでいただければ幸甚である。なお、本書における各交通ターミナル内の簡易的なそば店の呼称は、バスターミナルを「BTそば」、空港ターミナルを「空そば」、フェリーターミナルを「海そば」とさせていただく。

まえがきの最後に、駅そばの定義について確認しておこう。私が拠りどころとしているのは、1972年に初版発行された『蕎麦辞典』(東京堂出版)である。私が知る限りでは、これが唯一「駅そば」という語を収録している辞典なのだ。

『蕎麦辞典』では、駅そばについて「駅の構内、駅の売店、駅前で商う屋台式のそば」と説明している。つまり、出店場所については、「駅前」が含まれていることから、駅舎内限定ではないことが分かる。

私は、普段はおおむね「駅から徒歩5分以内」と考えて探訪している。しかし駅から5分歩けば、本書では駅そばとは別枠で紹介するバスターミナルが最寄りになってしまう場合もあるだろう。「駅そばであり、BTそばでもある」といった立ち位置が不明確な店が多くなるとややこしいし、かえって各ターミナルの特性が埋もれてしまうことにもなりかねない。そこで本書では、鉄道駅が最寄りとなる範囲内で、おおむね徒歩1分以内までを「駅そば」の括りで論じていくこととする。

続いて、「屋台式」の部分。これもまた、解釈に幅が生じる表現である。『広辞苑(第六版)』では、屋台について「小さい家の形にし、持ち運ぶように作った台」と説明している。「持ち運ぶ」のだから、可動式であることが前提のようである。したがって、これをそっくりそのまま『蕎麦辞典』の「駅そば」の定義に当てはめるなら、「駅の構内、駅の売店、駅前で商う可動式店舗のそば店」ということになる。

『蕎麦辞典』が編纂された時代には、まだ可動式店舗の駅そばが残っていたかもしれない。しかし、ほぼ現存しない。ここは少し解釈を変えなければならないだろう。食券制、セルフサービス、簡易調理。「屋台式店舗」とは、これらの要素を多少なりとも取り入れている〝簡易的〟な店舗を指すと考えるのが妥当なのではないだろうか。

すなわち、私が提唱する駅そばの定義は、「駅の構内、駅の売店、駅からおおむね徒歩5分以内（本書では1分以内）で商う、簡便性を高めたそば店」ということになる。なお、本書において「そば店」の部分は、「そば・うどん・沖縄そばのいずれかを主力メニューに位置づけている店」とし、その他のメニューの扱いについては問わないこととする。

第2章以降で紹介するBTそば、空そば、海そばについても、基本的な考え方は同じだが、少しアレンジを加えている部分もある。バスターミナル、空港ターミナル、フェリーターミナルには、それぞれ鉄道駅とは異なる特性がある。そして、各ターミナル内の食事処は、それぞれの特性に合わせた運営がなされており、本書ではその違いを浮き彫りにすることに主眼を置いている。だから、すべてのターミナルに無理やり「駅そばの定義」を当てはめるのは間違いだと思う。

以上を踏まえ、第2章以降については、定義に少し曖昧さを残したい。各ターミナルの利用者が「ついでに寄りやすい店かどうか」を個別に判断し、対象に含めるかどうかを決めることとする。それが、駅そばとの違いや各ターミナルの特性を考察するうえで、もっともよい方法だと思う。

駅ナカ開発が進んだことで、駅ナカと街なかの違いはやや薄れてきている。それでもなお、駅そばの世界は外食チェーンやコンビニエンスストアのように全国チェーンが席巻することなく、地域色が色濃く残ったまま令和の時代を迎えている。これは、たいへん特異なことだといえる。ぜひ、好奇心旺盛にして純粋な目で駅そばを見つめ、本書を読み進めていただければ幸いである。読み終える頃には、駅そばは逆風のなかでも力強く息づいており、絶滅を危惧するような現状ではないということをご理解いただけるのではないだろうか。

#「駅そば」から広がるそば巡り――もくじ

## 第2章　BTそばの世界　郷愁を誘うバスターミナルのそば



## 第3章　空そばの世界　空港のそばは、早めに到着してゆったりのんびり

## 第4章　海そばの世界　フェリーターミナルのそばは、短時間でも「開いててよかった」

# 第1章

# 駅そばの世界

## やっぱり駅そば愛が止まらない

## 意外な場所にオープンした駅そば【北海道】栗山駅《くりやま》「マミーズショップ」

北海道では、近年鉄道利用者の減少に伴って駅そばの店舗数も減少傾向にある。音威子府駅《おといねっぷ》「常盤軒」や遠軽駅《えんがる》の駅そばに続いて、2023年には留萌《るもい》本線の一部が廃止されたことに伴い留萌駅の駅そばも長い歴史に幕を下ろすこととなった。いずれも多くの鉄道ファンに親しまれた店だっただけにその衝撃は大きく、「駅そばは絶滅危惧種」とささやかれる大きな要因になったことは間違いないだろう。また、残存路線においても運転本数は減少傾向にあり、青春18きっぷ旅の予定もなかなか組みにくい状況になっている。朝夕は、通勤通学のために便があるけれど、日中がない。途中駅で下車すると、次の便まで4〜5時間待たなければならないケースもあり、時刻表とにらめっこをした結果、途中下車を断念した経験がある人も多いのではないだろうか。

室蘭《むろらん》本線の沼ノ端《ぬまのはた》・岩見沢《いわみざわ》間も、便数が少ないために途中下車をしづらい路線のひとつだ。日中は、最大で4時間ほど空く列車ダイヤになっている。駅そばの書き入れ時は、ランチタイムの11〜14時あたり。駅そばがもっともにぎわう時間帯に列車が走っていないのだから、駅そば巡りの旅はなかなかハードルが高い。

しかし、そのような状況下で、室蘭本線の途中駅である栗山駅には新たな駅そばが誕生

ポップな書体の店名表示やお品書きが、家庭的なムードを高めている

している。２０００年の駅舎改築時に併設された「くりやまカルチャープラザＥｋｉ」内に、簡易的なそば・うどんを提供する「マミーズショップ」がオープンしたのだ。

駅舎改築と聞くと、駅そばファンはドキッとするもの。なぜなら、近年、とくに地方都市の代表駅などで、駅舎改築と同時に構内店舗が撤退するケースが目立つからだ。駅そばだけでなく、喫茶店や売店などもこのタイミングで閉店することが多い。しかしいっぽうでは、改築によってコミュニティー施設などとの合築駅舎となり、新たな店舗が組み込まれるケースも少なくない。もともと駅そばがあった駅が改築されると心配になり、駅そばがなかった駅が改築されると期待で胸が高鳴る。これが駅そばファンの心情なのだ。

マミーズショップは、文字通り地元の〝お母さん〟たちが営む店。軽食だけでなく喫茶メニューも扱い、品数は決して多いとはいえないものの菓子類などの土産物も販売する。休憩目的で席だけ利用することもできる。学校の購買部を思わせるような殺風景な店舗なのに家庭的な温かいオーラに包まれており、パッと食べてサッと立ち去る都市部の立ち食い店とは一線を画す雰囲気。「ゆっくりしていってね」というメッセージが込められているように感じる店だ。駅舎改築時に大きなロータリーが整備されたこともあり、車で立ち寄る人も多い様子。列車の利用者が少ないローカル線の駅そばは、列車の乗客より車やバイクで食べに来る人のほうが多いことも珍しくない。地方や郊外の鉄道駅には、車で寄りやすい場所という利点もあるのだ。

そばのレパートリーは、かけ、月見、きつね、たぬき、かきあげの5種類。オーソドックスなラインナップだ。食料価格の高騰が進むなかでも、すべてワンコイン範囲内での提供となっている。私がこの店を訪問するのは、今回が2度目。前回はたぬきそばをいただいたので、今回はかきあげそばにしよう。

注文を受けてから小鍋でつゆを沸かし、サッと湯がいた麺の上からたっぷり注ぐ。出来

かきあげそば。簡易的なそばながら、北海道らしさが感じられる一杯

合いの乾燥天ぷらをひとつのせ、仕上げに薬味のネギを散らして完成。調理はとても簡易的で、ファストフードとしてのそばそのものである。それなのに、店の雰囲気だけでスローフードであるかのように感じてしまうのだから、不思議なものだ。

つゆをひと口含んでみて、「あぁ、北海道だ」と納得。昆布出汁を強く利かせてあり、まるで昆布を丸かじりしているかのような旨みがあふれる。かつての音威子府駅の駅そば「常盤軒」に通じる味わいだ。そういえば、常盤軒の天ぷらも出来合いの乾燥天ぷらだった。ツルツルした舌触りの麺は音威子府とはだいぶ違うけれど、食後には音威子府駅と宗谷本線の車窓風景が懐かしく思い出された。バサバサと音をたてて単行列車の車体をこする夏草。時折眼前に現れる天《て》塩《しお》川の優美な流れ。一杯の駅そばが脳裏に映し出してくれた風景は、どこまでも雄大だった。このように想い出がリンクされて広がっていくのも、駅そば巡りの楽しみのうちかもしれない。

## 代替わりで名物存続決定！【岩手県】久慈《くじ》駅「三陸リアス亭」

ＪＲ八戸《はちのへ》線と三陸鉄道が接続する久慈駅は、ちょっと変わった構造になっている。北からやって来るのがＪＲ八戸線で、南へ伸びるのが三陸鉄道。それなのに、駅舎は三陸鉄道が北側で、ＪＲが南側にある。それぞれのホームと構内通路が交差するような造りになっているのだ。三陸鉄道を利用する場合、改札を入って階段を上り、ＪＲのホームをまたいで三陸鉄道のホームにたどり着くので、跨線橋上からＪＲの列車が発着する様子を眼下に眺めることができる。また、この跨線橋には〝北限の海女《あま》〟の街として知られる久慈らしく、大漁旗がたくさん掲げられている。たいへん旅情に富む演出である。

かつて、久慈駅では2軒の駅そばがしのぎを削っていた。ＪＲ側の「あじさい」と、三陸鉄道側の「三陸リアス亭」。前者は、地元で採れた天然キノコを久慈特産の琥珀に見立

「三陸リアス亭」の間口上部には、三陸鉄道にちなんだ写真がたくさん飾られている

てた、こはくそばが名物だった。そして後者は、三陸産のホタテをまるごとトッピングするほたてそばやネバネバ食感が癖になるめかぶそば（巻頭カラー写真参照）などが人気を集める。横に並んだふたつの駅舎で、山の幸と海の幸を使った名物駅そばを食べ比べられたのである。しかし、残念ながら、あじさいは2018年に閉店。跡地に別の店が入ることはなく、単純に待合室が拡張される形となった。広くなった分だけガランと物悲しく、駅から活気が失われてしまったように感じる。

いっぽうの三陸リアス亭は、駅そばはもちろんのこと独自の駅弁「うに弁当」も好評を博し、連日にぎわいを見せてきた。厨房に面したカウンターはふたり並べばいっぱいという狭さであるため、大半の客は店の正面に並べられたベンチと、その先の列車待合ベンチに腰を下ろしてそばをすする。そして待合ベンチは、古めかしい石油ストーブを囲むように配置されている。ベンチで見知らぬ者同士が肩を寄せ合ってそばを食べる様子は、寒冷地の駅そばのイメージにぴったり合致する光景だ。広いけれど活気がないＪＲの駅舎と、狭いけれど活気に満ちた三陸鉄道の駅舎。かつては同じような光景が広がっていた両者が、駅そばの去就によって対照的な姿に様変わりしている。私の好みは、断然後者である。たとえ席が足りずに座るスペースが確保できなかったとしても、人々の息吹が間近に感じられたほうがいい。

うに弁当を購入するのは、その場で食べる人より購入してすぐに駅を出て行く人が多い。手作業で蒸しウニをひとつずつごはんの上に並べて作るため、調製に膨大な手間と時間を要し、1日20食限定での販売。昼前に売り切れてしまうことも多く、食べたくてもなかなか食べられない〝幻の駅弁〟として、知名度を高めている。コロナ禍で観光客が激減した時期には苦しんだものの、コロナ禍の出口が見え始め、インバウンドを含む観光客が戻ってくると、駅も店も活気を取り戻していた。

ところが、そんな矢先に店主逝去の報が飛び込んできた。

三陸リアス亭は、１９８４年に国鉄久慈線が三陸鉄道へ転換されたのを契機に、旅館を営んでいた夫婦が始めた店。開店にあたり私財をなげうって駅舎を増築し、厨房スペースなどを確保した。今でも、駅舎の外側に回ると、増築した形跡がはっきりと見てとれる。以来約40年にわたり、夫婦二人三脚で旅人や地域住民たちをもてなし続けてきた。

駅そばに限らず、個人経営の飲食店は40年前後で歴史に幕を下ろすケースが多い。店主が30代で開店した場合、40年経てば70代になる。40代で始めれば80代だ。後継者がいなければ、引退を考える年頃になるのだ。三陸リアス亭の場合、夫婦ともすでに年齢は80を超えていた。２０２３年夏に夫が逝去すると、妻も一線を退くことに決めた。遂に、音威子府駅や遠軽駅に続いて、久慈駅から駅そばが消える日が来たのか。私は落胆を隠せなかった。思えば、音威子府駅「常盤軒」や遠軽駅の駅そばの閉店も、鉄道利用者減少により客数が減り、先行きが不透明になったことで後継者が確保できなくなったところに店主が逝去し、これが直接的な要因となった。

ところが、それからしばらくして、一転して嬉しいニュースが舞い込むこととなった。三陸リアス亭は親族が跡を継ぎ、存続することになったという。これで、当分は名物のそばと駅弁を楽しむことができそうだ。跡継ぎがいるかどうかは、個人経営の駅そばが後世

ほたてそばは、食べて美味しく見た目のインパクトも絶大。これぞご当地駅そばだ

に残るかどうかを占う最大要因といっても過言ではない。

三陸リアス亭のそばの味をひとことで表現するなら、とにかく〝素朴〟。主張の強い店屋物より家庭料理に近い、やさしい味わいだ。毎日店内で煮出しているカツオと昆布の合わせ出汁は、主張し合うのではなく譲り合うように香り立つ。お互いがお互いの縁の下の力持ちを買って出ているような印象だ。だから、ひと口飲んだだけで満足できてしまうものではなく、麺も具材も全部食べ切り、最後につゆを飲み干したところで「あぁ、美味しかった」とひと息つきたくなる。昔ながらの茹でそばも、コシがなくやわらかい分つゆとの親和性が高く、これまた出汁との間で主役の座を譲り合う。

そんななか、唯一「私が主役だ！」とばかりにセンターへ躍り出てくるのが、ほたてそばにトッピングするホタテ。ヒモやベロがついたままの大粒ホタテが、ひとつまるごと。ビジュアルの時点で、すでに主役の座を射止めている。あくまでも個人的な意見だが、ホタテは貝柱よりヒモやベロのほうが風味は強く、美味しい。生食する場合にはヒモやベロを取り除いて貝柱だけ提供するのも頷けるが、火を通すのであればヒモやベロがついたままのほうがいい。ちなみに、私のそばにトッピングされたのは、ベロが白いオスのホタテだった。オスが当たるかメスが当たるかは、運任せだそう。

ホタテは、そのものを食べて美味しいだけではなく、つゆにじんわりと染み出る出汁も魅力のうち。トッピングとしては主役の座を頑として譲らないホタテも、染み出る出汁に関してはカツオや昆布の風味と絶妙に調和する。これが、和出汁の包容力ということか。日本の出汁文化の底力を垣間見たような気がした。

## 駅弁事業者の捲土重来《けんどちょうらい》【福島県】郡山《こおりやま》駅「エキナカスタンド福豆屋」
## 会津若松《あいづわかまつ》駅「立ちそば処 鷹」
## 原ノ町駅「まるや」

福島県内の駅そば情勢は、近年大きく動いている。全面リニューアルを施したJR福島駅の「松月庵」もそのひとつだが、より大きな流れとなっているのが駅弁事業者の攻勢だ。全国的には縮小傾向にある駅弁事業者の駅そばが、福島県内ではおおいに躍動しているのだ。

まずは、福島県中部の要衝である郡山駅。当駅では、平成中期までは4軒の駅そばが共存していた。ホームに2軒、新幹線の改札内コンコースに1軒、改札外に1軒。このうち、ホームで営業する「福豆屋」と「こけし亭」が、駅弁事業者の店舗だった。ほかの2店舗は、JRの系列会社が運営する鉄道系駅そばだ。改札外の店舗は駅弁も手掛ける事業者の運営だが、国鉄分割民営化後にJR東日本の子会社化されており、鉄道系とみなすのが妥当だろう。4軒のうち、ホームの駅そばは2軒とも2010年までに撤退。これにより、郡山駅の駅そばは鉄道系だけが残る形となった。

このようなケースは全国で見られることで、さほど珍しくはない。ところが、令和に入ってから予想だにしなかった変化を遂げるのである。まず、改札外の店舗が「福豆屋」に変わった。駅そばとしては、ホームの店舗が撤退して以来10余年ぶりの復活である。次いで、新幹線改札内の店舗も「立ちそば処鷹」に変わった。こちらは、米沢牛を使った名物駅弁「牛肉どまん中」で知られる米沢の駅弁事業者「新杵屋」が営む駅そばだ。県境をまたいで、はるばる進出してきたのである。鉄道系だけが残った2軒の駅そばは、見事に両方とも駅弁事業者の駅そばに生まれ変わったのだった。このようなケースは、異例である。

福豆屋の駅そばは、「エキナカスタンド福豆屋」という店名での復活。なんとなく立ち飲み屋を連想してしまう店名だが、酒類の扱いはなくそば・うどんを中心に提供する。ホーム時代より厨房スペースが広くなったため扱うメニューの種類が増え、天ぷら類は厨房内で揚げている。それならば、かき揚げそばをいただいてみよう。

麺は、ホーム時代から大きく変わった。やわらかい茹で麺から、歯ごたえの強い冷凍麺に。冷凍麺は保存が利くため、食品ロスを生むリスクが低い。薄利多売の駅そばはわずかな食品ロスが経営に大きな悪影響を与えるため、冷凍麺は救世主となりうる存在である。茹で麺に比べて硬質な歯ごたえが得られることも、利点といえば利点。近年では、ラーメンの硬麺ブームに乗って、とくに若者の間では駅そばも硬い麺が好まれる傾向にある。冷

郡山駅「エキナカスタンド福豆屋」のかき揚げそば。具だくさんのかき揚げが嬉しい

凍麺は、ニーズにも合致しているといえる。私のように長年駅そばを食べ続けている人の間では「昔のやわらかい麺のほうがよかった」とささやかれることもあるので、必ずしもメリットばかりとはいえないのだが。客層が多様である以上、すべての客の好みを満たすことは難しい。

郡山駅から磐越西線《ばんえつさいせん》に乗り換えて小一時間。会津若松駅の駅そばも鉄道系から立ちそば処 鷹（巻頭カラー写真参照）に変わっている。新杵屋の駅そばがわずかな間に福島県内に2店舗も……と思っていたら、なんと福島駅の新幹線改札内の鉄道系駅そばも立ちそば処 鷹に変わっていた。ここまで攻勢を強めている駅弁事業者は、全国で見ても数少ない。新杵屋のほかでは、小淵沢の「丸政」と姫路の「まねき食品」くらいだろう。令和に入ってからに限っていえば、新杵屋が随一だ。

米沢に本拠を置く事業者だけあって、会津若松駅でも「山形のだしそば」を扱っている。「山形のだし」は、キュウリや大葉、ミョウガなどの夏野菜をみじん切りにして、昆布などと和えたもの。ひんやりと冷たく、シャクシャクした食感が癖になる。とくに夏場に恋しくなる山形の郷土料理だ。

冷たさがポイントになる料理なので、駅そばのメニューとしては冷やしそばとの相性がとくによい（温かいそばにも対応している）。決してボリューミーなメニューではないけれど、野菜の香りと旨みが凝縮されていて、味覚的な主張はなかなか強い。昆布を合わせているからか、少し粘りがあるのも特徴。とろろそばやめかぶそばと並ぶ、ネバネバ食材を使ったそばの括りに含めることもできそうだ。ご当地性という観点から考えれば、長野県内の鉄道系駅そばでよく見かける、野沢菜わさび昆布そばにも近い存在だろうか。氷水で締めた麺もしっかり冷たく、これは夏場にうってつけのメニューだ。なお、添えられるワサビの使い方は、少し注意を要する。ワサビの強烈な刺激は、野菜の香りや旨みを上書きしてしまうからだ。辛みのアクセントが欲しい場合には、味をみながら少しずつつゆに

会津若松駅「立ちそば処 鷹」の山形のだしそば。すっきりとした甘みのつゆも美味しい

溶くか、箸先に少しとってそばに付けて食べるなど工夫するのがよい。最初に全部をつゆに溶いてしまう食べ方では、もったいない。

最後に紹介する常磐線原ノ町駅のケースは、郡山駅や会津若松駅とは少し異なる。原ノ町駅には、もともと改札内外にまたがる形で駅弁事業者「丸屋」の駅そばが営業していた。大半のメニューに味つきの油揚げ、つまりきつねを添えるのが特徴の店で、ホームでも待合室でも食べられる便利な駅そばとして親しまれてきた。

しかし、2011年の東日本大震災と、その後の福島原発事故に伴い、常磐線が長期運休せざるを得なくなり、原ノ町駅も列車がやって来ない期間が長く続いた。列車が走っていないのだから、駅構内で営業しても需要など生じるはずがない。休業を余儀なくされてしまったのである。

しかし、そこから見事に復活を果たしている。丸屋は駅弁事業者であると同時に、駅の向かいでホテルを運営する事業者でもある。原ノ町駅付近は津波の直接的被害はなかったため、ホテルはしばらく休業した後に営業を再開し、駅そばもホテル１階の喫茶室部分を改装する形で仮営業が始められた。駅そばが早い段階で営業を再開した復活劇が、原発事故の出口が見えずに不安を抱えていた地域住民をどれほど勇気づけたか、想像に難くない。私自身もこの仮営業時代に２回訪問しており、駅には人っ子ひとりいないのに、仮営業の駅そばはＬ字型の立ち食いカウンターをぐるりと客が取り囲む様子を見て驚いたものだ。地域住民が復活を渇望する声は、私が思っていたよりはるかに大きかったようだ。

仮営業を続けながら、駅舎内に戻るタイミングを見計っているように思えた。しかしその後、ホテルが改築されたのを機に、駅そばは脇の建物へ移転している。これが本営業で、駅構内へ戻る道は完全に閉ざされたということなのだろう。東北地方では数少ない「ホームで食べられる駅そば」だった（その後、岩手県の一ノ関駅ホームの駅そばが閉店したことで、東北６県のホーム駅そばは完全消滅となっている）だけに、残念ではある。しかし、

原ノ町駅「まるや」の天ぷらそば。乾燥天ぷらは小エビ入りで、香りがよい

駅構内からホテル内、そしてホテル脇へと移転するたびに店舗規模は大きくなっており、より多くのニーズに応えられるようになっているのだから、これはこれで喜ぶべきことなのかもしれない。なお、新店舗の看板にはひらがな表記で「まるや」と店名が掲げられている。

移転を繰り返しても、提供されるそばの味は駅構内時代から変わっていなかった。サッと湯がいたやや太めの茹で麺は、少しボソッとする食感のクラシカルなもの。しっかり濃く甘辛いつゆも、昭和の駅そばを彷彿とさせる味わいだ。そして、最大の特徴である油揚げのトッピングも健在だった。ふっくらと炊きあげたきつね揚げはやさしい風合いの味つけで、じんわりと旨みが込み上げてくる。私がいただいたのは天ぷらそばなのに、トッピングの主役は小エビ入りの乾燥天ぷらよりきつね揚げのほうだと感じられたのだった。

店舗規模が大きくなるにつれメニューのレパートリーも増え、選ぶ楽しみも加わった。カレー味のコロッケをトッピングするコロッケそばもオススメだし、訪問時にはカレーそばがよく出ている印象だった。これも、いずれ試してみたいところ。また、変わったところでは、麺の替え玉ならぬつゆの「替え汁」もある。通常、駅そばは麺やトッピングを先に食べ終えて、つゆが最後に残るもの。替え汁がどのようなシチュエーションで欲しくなるのか想像つかないが、きっと通いつめれば理解できるようになるのだろう。

福島県の駅そばは、訪問することで活力をおすそ分けしてもらえそうなほどに、とても元気だ。

## 足利《あしかが》で復活した小山《おやま》駅の駅そば【栃木県】足利市駅「おやまのきそば」

駅前で駅そばが復活したケースを、もうひとつ紹介しよう。ただし、今回紹介する事例は、原ノ町駅のケースとは異なり、駅も事業者も一新されての復活劇である。舞台となるのは、東武足利市駅だ。

東武足利市駅は、足利市の中心部から渡良瀬川を挟んだ住宅地にある。東武鉄道としては足利市の中心部へのアクセス駅ということになるが、行ってみての実感としてにぎやかなのは駅から西に少し離れた県道沿いと渡良瀬川の対岸で、駅周辺は比較的静かだ。その駅前ロータリー沿いに、2022年9月に彗星の如く駅そばが出現した。店名は、「おやまのきそば」。

足利市なのに、店名は小山。同じ栃木県内の街ではあるけれど、なぜわざわざ30キロメートルほど離れた街の名が冠されることになったのか。そこが、本記事のもっとも重要なポイントである。

栃木県南部の鉄道の要衝であるJR小山駅には、平成中期まで栃木市内の製麺事業者「中沢製麺」が運営する4軒の駅そばがあった。うち2店舗は東北本線の上下ホームにそれぞれあった島式店舗（ホーム中央に独立して建つ店舗）で、1店舗は水戸線ホーム。そしてもう1店舗は両毛線ホームへ続くコンコースにあった。しかし、2015年に東北本線上りホームの店舗を除く3店舗が一斉閉店。唯一残った東北本線上りホームの店舗も、2022年1月に惜しまれながら閉店することとなった。また、中沢製麺が運営する駅そばはJR栃木駅にもあったのだが、こちらも閉店している。中沢製麺のそばは、駅ナカでは食べられなくなってしまったのである。

決して売れ行きが落ち込んでいたわけではない。むしろ、近年では人気アニメのモデルに取り上げられたことから若年層が多く食べに来るようになっていて、連日にぎわっている印象だった。にもかかわらず閉店しなければならなかった背景には、駅ナカならではの複雑な事情がある。

中沢製麺は構内営業権をもつ事業者ではなく、二次下請け業者として店舗を運営し、店舗そのものの管理はＪＲの系列会社が行っていた。このような管理体制を敷く駅構内店舗は小山駅の駅そばだけでなく各地に散在しており、売れ行きには関係なく鉄道会社（または鉄道会社の系列会社）の都合で閉店せざるを得ないケースが多々あるのだ。ホームドアやエレベーターの設置工事に伴う閉店などがこれに当たる。営業権をもつ事業者であれば、代替物件を確保してもらうなり閉店を拒否して徹底抗戦するなり対応が考えられるのだが、二次下請け業者にはその権限がない。

小山駅の駅そばは固定ファンが多かっただけに、閉店を惜しむ声がとても多かった。私も営業最終日に〝最後の一杯〟を食べに行ったのだが、店舗付近には黒山の人だかりができており、スタッフが「最後尾」と書かれたプラカードを掲げて行列の整理に当たるほど

ロータリーの奥には40分まで無料で止められる駐車場があるので、車でも寄りやすい

混雑を極めていた。

駅構内で復活できないのなら、駅前で復活させよう。そう考えて立ち上げたのが、足利市駅前の「おやまのきそば」なのだ。出店地が足利市駅前となった理由は、「小山駅の駅そばを復活させたい！」と名乗りをあげたのが足利市内の事業者であり、ちょうど同社が足利市駅前で運営していたタピオカドリンク店を閉めたタイミングだったからだという。中沢製麺に小山駅の駅そばの再現を打診し、協力を得て、2022年9月に復活を果たしたのだった。

店舗運営の責任者である松川光宏さんは、当時のことを

「小山駅の駅そばは、子どもの頃に父と小

山ゆうえんちへ行った帰りによく寄りました。だから、楽しかった遊園地の記憶とセットで頭の中に残っているんです。あの味をなくしたくないという一心で、再現しようと考えました」

と振り返る。私自身も幼少期の記憶が駅そば巡りの原点になっているので、松川さんの気持ちはよく分かる。そして復活を果たした後、栃木県内の各地で復活に名乗りをあげる事業者が現れることとなる。いかに小山駅の駅そばのファンが多かったかがうかがい知れるエピソードである。

さて、おやまのきそばは、タピオカドリンク店時代の内装を転用した駅そばであるため、美しい木目を生かしたお洒落な内観となっている。立ち食いも可能だが、メインの客席は窓際に設けられた横並びの椅子席だ。開店するや否や、ＳＮＳを通じて急速に情報が拡散され、地元住民だけでなく県内全域から、さらには東京を含む関東全域からファンが押し寄せた。客の入りは松川さんの想定をはるかに超えていたようで、昼時には店頭に行列ができる事態となった。

メニューは、オーソドックスなものから個性的なものまで豊富に揃う。小山駅ホーム時代に名物として親しまれた岩下の新生姜そばや佐野名物いもフライのトッピングも、忠実

小エビの香ばしさが際立つ天ぷらそば。むしろ揚げたてだとこの香ばしさは出せないかもしれない

に再現している。さらには、息子から修学旅行の土産話として「京都のにしんそばが美味しかった」と聞いて取り入れることにしたにしんそば（巻頭カラー写真参照）などのオリジナルメニューも登場し、単純な再現から一歩先を行く進化まで遂げている。メニューの数そのものはそれほど多くないのに、どれも食べてみたいメニューばかりで、券売機の前であれこれ悩んでしまう。

私は、なにを食べるか決めあぐねたときには、たぬきそば→天ぷらそば→月見そばの優先順位で食べることにしている。同じメニューで食べ比べることにも一定の意義があると感じているためだ。そして、たぬきそばは「麺・つゆ・揚げ」の3要素をバランスよく味わえるメニューなので、各店で食べ比べることにより研究精度が上がると考えている。しかし、この店には揚げ玉（天かす）をのせたたぬきそばの設定がなかったので、ここではまず天ぷらそばを食べてみることにした。小さな券売機で食券を買い店員に渡すと、1分も経たないうちにそばができあがる。小山駅時代を彷彿とさせる迅速さだ。

太めで、黒みが強く、ズッシリとした質感のある茹で麺。しっかり濃く、醤油の香りが湯気に乗って立ちのぼってくるつゆ。これは紛れもなく、小山駅ホームで立ち食いした〝あの駅そば〟だ。さらにいうと、大判のかき揚げ天ぷらまで小山駅時代と変わっていないように感じた。厨房内にはフライヤーがあるので、天ぷら類はすべて自家製なのだろうと思っていたのだが、なんとかき揚げ天ぷらは中沢製麺から仕入れているのだという。まさかここまで忠実に再現されていたとは！

駅そばの天ぷらは、天ぷらとしてはB級そのもの。しかし、麺やつゆと合わせることで、美味しさがグンと跳ね上がる。高級料亭の揚げたて天ぷらをのせるより、衣の分量が多い揚げ置きのかき揚げをのせたほうが美味しいとさえ思えてくるのだ。「1＋1」の解が、時として3にも4にもなる。これが、駅そばの大きな魅力のひとつ。いや、魅力ではなく

〝魔力〟といってもいいかもしれない。お腹が空いているわけではないのに、駅そばを見かけると吸い寄せられるようにふらふらと入ってしまうのは、この魔力のなせる業なのではないだろうか。

復活劇があまりにも嬉しすぎて、食後にはついつい店名がプリントされた丼を購入してしまった。これで、自宅でも駅そば気分を楽しめる。小山駅時代にも、インターネットを通じたキャンペーンで丼がセットになった商品を販売していた時期があるので、当時が懐かしく思い出される。ちなみに、その後オープンした県内各地の店舗でも丼を販売しており、店舗ごとに少しずつデザインが異なっている。参ったな、全部コレクションしたくなってきたよ。

## 無人営業の駅そば、現る！【東京都】上野駅「セルフ駅そば」

最新技術の導入によって人件費高騰と労働力不足をクリアすることは、近年の駅そばにとって急務のひとつである。ましてや、食料品の価格高騰に歯止めがかからないご時世である。駅そばは廉価での提供が前提となる業態だから、仕入れ価格が上がったからといってその分をそっくりそのまま売価に反映させたのでは、客足は遠のくばかりだ。かといって、売価を据え置いて利ざやを削るわけにもいかない。もともと薄利で運営してきたのだから、無理をすればただちに経営に悪影響を及ぼすことになってしまうだろう。駅そばに限らず、安価なファストフード店の多くが、頭を抱えているのではないだろうか。

このような大問題を一気に解決できるかもしれないと思わせる店が、2023年夏にJR上野駅ホームに現れた。その名も、「セルフ駅そば」(巻頭カラー写真参照)。駅そばはもともとセルフサービスで営まれることが多いものだが、そこにあえて「セルフ」と冠するのはどういうわけか。興味津々で、11・12番ホームへ向かう。件《くだん》の駅そばは長いホームの南寄り、ホーム上としては比較的人通りが少ない場所にあった。ここは、かつてコーヒースタンドだった物件だ。

外観は、平均的な駅そばと変わらない。しかし、一歩店内に足を踏み入れると、異様なムードに包まれる。厨房がなく、妙に殺風景なのだ。店内にあるのは、客席と大型の券売機のように見える自動販売機。実はこの自動販売機が、そばの調理提供マシンなのだ。つまり、厨房がなく店員も常駐していない、完全無人営業の駅そばなのである。

そばの自動販売機と聞いて〝レトロ自販機〟を連想するのは、私だけではないだろう。あらかじめ麺と具材を盛りつけた丼をセットし、お金を入れてボタンを押すと湯が注が

丼ごと解凍するので、提供時には丼も熱くなっている。火傷に注意

れ、遠心分離作用で麺を湯がき、最後につゆを注いで提供される自販機だ。昭和生まれなら、一度は見たことがあるのではないだろうか。一時期は観光地近くのドライブインや国道沿いのオートレストラン（自動販売機を集めた施設で、ゲームコーナーを併設していることが多い）などでよく見かけたものだ。しかし、その後廃れ、見かける機会は激減してしまった。保存性に優れたカップラーメンに取って代わられた印象だ。

上野駅のセルフ駅そばのそば自販機は、そのレトロ自販機を時代に即して進化させた形といえるかもしれない。いってみれば、令和版そば自販機だ。

アナログなレトロ自販機とは違い、令和の

味覚面に大きな問題はない。たぬきつねそばは予想を上回るクオリティー

そば自販機はデジタル化された部分が多く、冷凍そばの急速解凍も可能にしている。茹でそばを使う場合、どうしても保存性に難が生じ、無人営業であっても頻繁に従業員が訪問して商品の入れ替え作業などを行わなければならない。冷凍そば、それも麺だけでなくつゆや具材がセットになった状態で冷凍しておけるのなら、保存性の課題をクリアできる。

早速、食べてみることにしよう。自販機内部の限られたスペースにセットするのだから、メニューのレパートリーを増やすのはなかなか難しい。現状では、メニューは5種類となっている。そのなかから、もっともオーソドックスな「たぬきつねそば」を選択。なお、私が訪れたときには精算に現金を使用できず、交通系ＩＣカードなどキャッシュレス決済のみの対応となっていた。

オーダーから商品ができあがるまでの時間は、90秒ほど。急速といっても解凍するのだから、それなりに時間はかかる。客の回転が速いホームの駅そばとしては、90秒という時間は少し長いようにも感じる。レトロ自販機の調理時間が30秒ほどだったことを考えると、まだまだ改良の余地がありそうだ。

反面、できあがったそばの再現性、つまりクオリティーは、レトロ自販機をはるかにしのぐものだった。有人店舗で食べる駅そばと比較しても、大きな遜色はない。レトロ自販機では、麺が丼の中にセットされた状態で自販機内に保管されるため、麺同士がくっついて団子状になりやすい。遠心分離で行う湯通しでは麺をしっかりほぐすことが難しく、丼全体の一体感を再現しきれないというデメリットがある。冷凍からの急速解凍技術によって、この点は大きく進化している。

超えなければならない課題は、ふたつ残されているように感じた。ひとつは、価格面。現状では、平均的な駅そばに比べてかなり割高な設定になっており、廉価が売りの駅そばとしては改善を望む声が多くなりそうだ。新たに世に出るものは、価格が高く設定される。これは仕方のないこと。今後普及が進んで製造ロットが大きくなり、サプライチェーンが確立されれば、近い将来には落ち着いてくる可能性もある。

もうひとつの課題は、残滓《ざんし》の処理だ。私は毎回つゆを飲み干すけれど、そうではない人も多いだろう。なかには、全部食べきれずに麺などを残す人もいる。有人店舗であれば、これらの残滓を厨房内で処理することができ、長時間放置されたり客の目についたりといったリスクは低い。しかし、無人営業店舗では残滓入れを用意するにとどまるので、どうしても客の目についてしまうし、残滓入れの中で一定時間が経過すると悪臭を発する原因にもなる。かといって、残滓処理のために従業員が頻繁にやって来るのでは、無人営業の効果が薄れてしまう。この点は、やや克服が難しい部分かもしれない。

実はこの調理マシンは、駅そばとして登場するのは本邦初だが、以前からラーメンの販売機としての稼働実績がある。私は、新潟県の越後湯沢駅で一度お目にかかっている。越後湯沢駅では、ラーメン調理販売機のすぐ近くに駅そばの有人店舗があり、残滓や食器はこの駅そば店に返却する仕組みになっていた。結局のところ、やはり人の手をかけないことには残滓の処理は困難なのだ。

おおいなる将来性を感じさせつつも、課題はまだまだ多い。無人の駅そばがより多くの駅に設けられるようになるのは、少し先のことなのかもしれない。どちらにしても人の手がかかるのであれば、レトロ自販機を駅ナカに設置するのはどうだろうか。現存するレトロ自販機は、鉄道ではアクセスしづらい場所に設置されているケースが多い。駅ナカでレトロ自販機に出合えるとなれば、かなり話題になりそうな気がする。レトロ自販機はすでに製造終了しているから、販売機自体を入手することが困難ではある。それならば、再現でも構わない。構造が単純であるだけに、再現なら容易にできそうな気がする。

## 十割そばの立ち食いチェーン、満を持して駅ナカへ【東京都】新宿駅「十割蕎麦 さがたに」

まえがきで、近年の駅そばの動向を語るうえでの2大キーワードは、「技術革新と自由競争」だと書いた。技術革新は、厨房機器や精算システムの進化に代表され、店舗運営のスマート化につながる。いっぽうの自由競争は、鉄道系列会社や構内営業権をもつ事業者の駅そばが特権的に営業してきた時代からの変化を物語るものだ。

２０２１年末には、これらの両面において注目すべき駅そばが、新宿駅西口地下の改札外にオープンしている。十割そばを廉価で提供する立ち食いそば店として知名度を高めた「十割蕎麦 さがたに」だ。２０１１年の創業当初から、当時はまだ珍しかった電動式の石臼と押出式製麺機を導入し、「挽きたて・打ちたて・茹でたて」の〝3たて〟を実現した。しかも、もりそば280円（当時）という驚異的な価格設定だった。その衝撃が収まる間もなく、都内を中心に一大勢力を築き上げるまでに店舗数を伸ばしていく。短いサイクルでスクラップ&ビルドを繰り返しながら成長していく様子はほかの立ち食いそばチェーンには見られなかったもので、あまりの勢いに私は

「立ち食いそばの勢力図が大きく塗り替えられることになりそうだ」

とさえ感じていた。

しかし、これほど勢いのあるチェーンでもコロナの影響は甚大だったようで、近年ではスクラップ&ビルドのうちスクラップのほうが目立つようになっている。このタイミングでの駅ナカ初進出は、コロナ禍で失いかけた勢いを取り戻す反転攻勢の一手だったのではないだろうか。なお、創業以来店名は「嵯峨谷」と漢字で表記されてきたが、コロナ禍突入後にオープンした店舗はひらがな表示になっている。「嵯峨谷」を「さがや」と読み違える人が多かったためなのか、心機一転再出発の誓いの表れなのか。

券売機も、タッチパネル式で購入と同時に厨房へオーダーが通る仕組みのものが導入された。その分、メニューはだいぶ絞られており、たぬきそばの設定がなくなったほか、オリジナルメニューの刻み玉ねぎそばや納豆そばも姿を消している。そして、うどんの代わ

りに提供していた冷麦の扱いも終了。ボタン式に比べ、タッチパネル式の券売機はひとつの画面に表示できるメニューの数が少ない。ページを分けられるのはタッチパネル式の強みだが、分かれたら分かれたでメニューの比較がしづらくなる。個人的には、子どもの頃から馴染んできたボタン式券売機のほうが扱いやすくて好みである。幼い頃からスマートフォンやタブレット端末に親しんでいる若い世代にとっては、タッチパネル式のほうが扱いやすいのだろうか。

初回訪問なのでたぬきそばを食べたかったのだが、メニューから外れてしまっては仕方ない。〝王道〟の天ぷらそばを注文だ。こういったメニューの入れ替えがあるからこそ地域性や個性が生まれやすいともいえるので、たぬきそばを食べられなくてもそう悲観的にとらえる必要はない。

押出式、つまり機械製麺と茹でる工程を一連の流れで行う製麺方式は、麺を新鮮な状態で提供できるため、そばの香りと食感が鮮やかに感じられるのが最大の魅力だ。反面、茹で置くことができず、しかも原則として1人前ずつ調理することになるので、混雑が激しい店舗だと待ち時間が長くなるというデメリットもある。迅速提供が身上の駅そばでは、諸刃の剣となりそうなスタイルだ。

つゆ色はかなり濃いが、極端に塩辛いわけではない。刻んだ鳴門巻きをトッピングするのも、「十割蕎麦 さがたに」の特徴のひとつ

ここで重要になるのが、そば粉比率の高さだ。一般的にそば粉は小麦粉より茹で時間が短いので、そば粉比率が高ければ高いほど、茹で時間を短くすることができる。十割蕎麦 さがたにが提供するのは小麦粉のつなぎを一切使わない十割そばなので、短時間で茹であげることができ、客数の多い店舗でも導入することが可能となっているのだ。

押出製麺はその後普及が進み、近年では駅ナカでもさほど珍しくはなくなってきている。そしてこのスタイルを導入する店舗は、概して二八そばや十割そばなどそば粉比率が高い店である。

熱で香りが飛ばないように電動石臼で

ゆっくり挽き、茹でる直前に製麺して、茹でたてを提供するのだから、それは美味しいに決まっている。全幅の信頼を置いてひと口すると、期待通りにそばの香りが口の中いっぱいに広がった。入店する時点での期待値が高いから驚かされるようなことはないのだが、クオリティーは申し分ないといっていいだろう。カツオ系の出汁をしっかり利かせたつゆも美味しい。出汁だけでなく醤油の香ばしさも主張が強く、私好みの多層的な味わいに仕上がっている。そして、揚げたてのかき揚げ天ぷらも美味しかった。タマネギ中心ながら絹さやが入っていることで香りのある天ぷらに仕上がっている。麺もつゆも香り高いのだから、天ぷらにも香りがないとバランスがとれない。よく考えられているなと感心する。

総合的にレベルが高く、これといった欠点が見当たらない一杯。野球選手に例えるなら、走・攻・守の三拍子が揃った選手のようだと感じた。創業当時と比べると値段はだいぶ上がってしまったけれど、値段以上の価値があることは間違いない。食料価格高騰に歯止めがかからないご時世である。値段が安いものほど値上げする際のインパクトが強くなるものだけれど、駅そばの近年の値上げについてはある程度目をつぶらなければならないと思う。「ほかはいいけど駅そばだけは値上げしてはいけない」と考えるのは不条理だ。

「川村屋」の代名詞ともいえるとりにくそば。手間暇をかけた、渾身の一杯だ

## 電撃閉店から半年での電撃復活
### 【神奈川県】桜木町《さくらぎちょう》駅「川村屋」

天然出汁にこだわった駅そばを提供するのは、なかなか難しいことである。天然出汁は味のブレが生じやすく、常連客はわずかな味の変化を敏感に察知し、信用を大きく損ねることにもつながりかねない。麺は外部の専門業者から仕入れている店が多く、製造ロットが大きいこともあってブレは生まれにくい。トッピングは、多少の個体差があっても「仕方ないよね」と寛容される場合が多い。かき揚げに入っているタマネギの本数を数えて「昨日より1本少ないぞ!」と文句を言う客は、まずいないだろう。しかし、つゆはそうはいかないのだ。

以前に、愛知県某駅の駅そばを取材した際に、店主はこう言っていた。

「うちは、カツオの厚削りを中心に、天然出汁でつゆを作ります。天然出汁で作ると、同じレシピで作っても人が変わると微妙に味が変わってしまう。だから、つゆ作り専門の職人を雇っています。でも、職人さんも休みなしというわけにはいかない。休みの日には私が同じレシピで作るのですが、常連さんは『いつもとちょっと味が違うね』と気づいてしまいます」

いかにしてつゆのクオリティーを一定に保つか。これがなかなか難しいのだ。つゆの味は、作り手によって変わってしまうだけでなく、作ってからの経過時間によっても変化する。時間が経てば、出汁の香りが飛んでしまったり、煮詰まって塩辛くなったりする。

この問題をある程度解決するために用いられるのが、化学調味料。また、蒸発を防ぐために、寸胴ではなく湯気が外に漏れないような密閉型のつゆマシンを導入する店舗もよく見かけるようになってきた。もちろん、その両方を使う店もある。しかしながら、化学調味料で補えるのは主に旨みで、鼻腔を綿棒でやさしく撫でるような、新鮮な出汁に特有の香りは再現できない。また、つゆマシンで注ぐつゆには情緒が感じられず、同じ味でも感覚的に美味しくないと錯覚させることもあるだろう。そしてなにより、つゆマシンを見るとつゆ作りをギブアップしてしまったかのように感じられ、私は寂しくなってしまうのである。

私と同じように考えている人が多いのか、天然出汁にこだわるJR桜木町駅改札外の「川村屋」は、「つゆが美味しい」と評判で、連日大にぎわいである。客数は一日で1200人を超えることもあるという。この数字は、私が個人的に「日本一客数が多い駅そば」と考えているJR品川駅「吉利庵《きちりあん》」の牙城に迫る勢いだ。全国でも指折り級の客数を誇る駅そばであることは間違いない。駅自体の利用者数を考慮すれば、いかに人気を集めている店であるかがうかがい知れるだろう。まさに駅そばの名店と呼ぶにふさわしい。

その名店が、2023年春に、何の前触れもなく突然閉店してしまった。理由は、店主と従業員の高齢化。店を長年舵取りしてきた笠原成元《しげもと》さんは70歳を迎えようとしており、ベテランの従業員たちは80歳近くに。

「もう体が続かない」

と退職を申し出る従業員が続出したため、閉店することに決めたのだという。後に笠原さんは当時のことを、

「駅そばの運営は激務です。休みは年末年始だけで、力仕事も多い。子どもたちに跡を

笠原さん（左）から加々本さんへのバトンリレーで、老舗の時計の針は再び動き始めた

継がせようとは、思えませんでした」と振り返る。ぎりぎりまで告知が出なかったところに、笠原さんの葛藤がうかがえる。

かくして、洋食店としての前身時代を含めれば創業120余年の老舗は、暖簾を仕舞ったのである。急な閉店劇だったこともあり、〝最後の一杯〟を食べられずに落胆した人も多かったのではないだろうか。

ところが、閉店から半年後の9月に、今度は一転して「営業を再開する」との報が飛び込んできた。閉店も再開も、急すぎやしないだろうか。この半年の間に、いったい何が起こったのだろうか？　私は居ても立ってもいられず、9月に入るとすぐに笠原さんと連絡を取り、桜木町へ向かったのだった。

笠原さんには、これまでに何度も雑誌等の取材でお世話になっている。当時と比べ、少しほっそりしただろうか。閉店から再開までの渦中で、心労がたたっていなければよいのだが。

そして笠原さんの隣には、「川村屋」と染め抜かれたエプロンをかけた若い女性の姿。これが、すべてを物語っていた。笠原さんの次女である加々本《かがもと》愛子さんが店を継ぐことを決心し、笠原さんに申し出たのだ。半年の空白期間が生じたのは、加々本さんがひとり息子を預ける保育所を探して奔走していたためだという。ニュースなどでよく耳にする待機児童問題は、こんなところにまで影響していたのか。

加々本さんは、

「小さい頃から川村屋のそばをよく食べていましたし、大学生のときにはアルバイトとして厨房に立ったこともあります。この味をなくしたくないという一心で、店を継ごうと思いました。背中を押してくれた夫にも感謝しています」

と笑顔を見せる。久慈駅「三陸リアス亭」とは少し異なる形であるが、こちらも閉店の危機から一転して名物駅そばが後世へ残ることになった。

私が訪れたのは15時過ぎというアイドルタイムであったにもかかわらず、客足は途切れることがなく、店内で笠原さんや加々本さんと立ち話をしていては邪魔になるほどに、次から次へとやって来ていた。厨房は、調理に仕込みに片付けに、大忙しだ。昼時には、輪をかけて忙しくなるのだろう。

復活にあたって、きつねの扱いを休止したものの、名物メニューの「とりにくそば」は健在だ。山梨県の地鶏をひと晩ヨーグルトに漬け込んでやわらかくし、醤油ベースの味つけで煮てトッピングする。さっぱりしていながら確固たる旨みを宿し、とても食べやすい。つゆの味わいに対して必要以上には干渉しないので、天然出汁のつゆもじっくり味わえる。出汁の中身については〝企業秘密〟なのでこの場で詳しく書くことはできないが、ほどよい塩梅で魚介系の香りが立ち上る。主張ははっきりしているけれど、尖っておらずしつこさもない。このやさしい風合いが人気の要因だ。

アルバイトの経験がある加々本さんだが、店舗の総合的な運営管理は初心者。いきなりひとりですべてをこなすのは難しい。しばらくの間は笠原さんがサポートしながら運営し、軌道に乗ったところで正式に代替わりとなるそうだ。一度は引退を決めた笠原さんだが、悠々自適な第二の人生はもう少しお預けだ。それでも、笠原さんは嬉しそうだ。子に跡を継ぐと言われて不愉快になる親はいない。笠原さんから〝川村屋イズム〟を受け継ぐ加々本さんが店をどのような色に染めていくのか、おおいに楽しみである。

## 進路が分かれた2軒の駅そば 【長野県】松本駅「駅そば榑木川《くれきがわ》」塩尻駅「そば処 桔梗《ききょう》」

「まつもとー、まつもとー」

〝乗り鉄〟を自負する人なら、JR松本駅に降り立ったときに流れるこのアナウンスが強く印象に残っているのではないだろうか。昭和の鉄道大時代を彷彿とさせるような懐かしさがあり、抑揚のない平坦なイントネーションは長旅でこわばった体をほぐすような脱力感を帯びている。これほど列車到着アナウンスに適した「まつもと」が、ほかにあるだろうか。これぞ最高傑作。昭和末期に収録されたこのアナウンスを令和に入ってもなお流し続けているJR東日本長野支社のセンスには、脱帽するばかりだ。

旅情たっぷりのアナウンスには、ホームの駅そばがよく似合う。いかにホームの駅そばが苦難の時代を迎えようと、「まつもとー、まつもとー」のアナウンスが流れ続ける限り松本駅のホームから駅そばが消えることがあってはならないと思う。

きのこそばは、ヒラタケや山ナメコを中心とした野趣に富む構成になっている

しかし現実の世界は厳しく、全盛期には3店舗あった松本駅ホームの駅そばは、すべて2021年までに閉店。これであのアナウンスを聞きながらそばをすることができなくなってしまったと落胆したものだ。しかし、ここで彗星の如く救世主が現れた。閉店した0・1番線の店舗に、後継事業者が名乗りをあげたのだった。

生まれ変わった駅そばは、「駅そば榑木川」。「くれきがわ」と読む難読店名だ。この店名を聞いてピンとくる人も多いだろうか。この店は、松本駅東口側の駅舎1階で営業する手打ちそば店「榑木野」の別業態店舗なのだ。JR系列の店舗からの転換だったから、ここでも自由競争による〝脱鉄道系〟台頭の構図が成立した形だ。ちなみに、榑木野はダイニングスタイルの手打ちそば店であり簡便性を高めているとはいえず、「駅そば」の定義からは外れる店である。

手打ちそばの実績は申し分ないが、ファストフードとしての駅そば業態はピカピカの一年生。開店当初は試行錯誤が続いたようだ。開店の約半年後に事業者を取材したところ、

「お客さまの声に耳を傾けて、微調整しながら運営しています。駅そばは、手打ちそば店とは客層もニーズも異なるので、最初は戸惑う部分も多くありました」

とのことだった。とくになかなか定まらなかったのは、つゆの味。オープン直後に訪れたときには甘みが勝った風味だったのだが、半年後にはやや甘みを抑えて出汁感を強めた味わいに変わっていた。駅そばの印象を決定づける要素は多々あるけれど、その最たるものはつゆだと私は考えている。前述の通り、わずかな違いで客が敏感に反応するのも、つゆなのだ。すべての客の好みに応じることは難しいが、今後も微調整は続いていくのだろう。

いっぽう、麺には絶対的な自信をのぞかせる。榑木野とは別に作った自社製の二八そばを、注文を受けてから茹でる。太麺仕立てということもあってそばの香りがとても豊かに感じられ、しっかりと噛みしめる重厚な歯ごたえも秀逸だ。

二八の生そばを駅そばで提供するのは、そうたやすいことではない。そば粉の比率が高

ければ茹で時間は短くなるので、迅速提供には向いている。しかし、扱いが難しいのだ。打った後で時間をおくと乾いてつなぎが弱くなってしまうし、かといって注文を受けてから打ったのでは時間がかかりすぎる。このジレンマを解決する手段のひとつが、先に紹介した押出製麺である。製麺と茹でる工程をひと続きで行える押出製麺は、近年本格志向の駅そばで普及が進んできている。しかし、大がかりな製麺マシンを厨房内に入れることになるため、ある程度厨房スペースに余裕が必要になる。ホームの駅そばには、とてもではないがそのスペースはない。実際、押出製麺の普及が進んでいるのはコンコースや駅舎の外側、あるいは駅前の店舗が中心である。ホーム上の独立した建物で営業する駅そばでは、私はこれまでに出合ったことがない。

たどり着いた答えは、冷凍生麺だった。聞き慣れないフレーズだろうか。それもそのはず、一般的にはほとんど流通していないタイプの麺である。

冷凍麺には、冷凍生麺と冷凍茹で麺の2種類がある。一般的に「冷凍麺」と呼ばれるのは、後者だ。つまり、製麺所でそばを茹でた後に冷凍して出荷するものである。冷凍庫がある店なら長期保存が可能であり、ロスを生むリスクが低い。また、すでに茹でてあるので、各店舗では解凍して温めるだけで提供できるため、ほぼ一定のクオリティーで提供できるのも強みである。反面、茹でた後の経過時間が長くなるためそばの香りが損なわれてしまうというデメリットもある。ホクッとした歯ごたえを楽しめるのに、なぜか香りがあまりない。駅そばでそのような麺に出合ったら、それは十中八九冷凍麺である。

その点、冷凍生麺は茹での工程を各店舗で行うため、茹でたての香り豊かなそばを提供できるのである。美味しくて、保存性も優れ、二八そばなら茹で時間も短い。デメリットなど何もなさそうに思える。

ところが、冷凍生麺には製造工程における技術的な難しさという高いハードルがそびえるのである。冷凍した生そばをそのまま茹でると、麺同士がくっついて団子状になり、うまくほぐれないばかりか極端な茹でムラが生じ、粘土のようなニチャニチャした食感になってしまうのである。この致命的な弱点をなかなか克服できないため、あまり普及していないのだ。

駅そば榑木川では、独自の技術（もちろん企業秘密）により、凍ったまま茹でてもサッとほぐれる冷凍生麺の開発に成功。唯一の弱点を克服したことで、ホーム上で香り高い二八そばを提供することに成功したのである。これは世紀の大発明といっていい。

その後、駅そば榑木川は信濃大町駅や茅野《ちの》駅、長野駅にも出店し、長野県内で確固たる勢力を築くまでに成長している。今後は、既存店舗の運営継承だけでなく新規店舗出店の道も模索してくれるのではないかと期待しているところである。

話はこれで終わらない。榑木野がJRの系列会社の後釜に入る形で運営を引き継いだ駅そばのほとんどは、駅そば榑木川として再出発を果たした。そのいっぽうで、運営を引き継いだものの自社ブランド化することなくJR系列だった時代のままの姿で営業を続けている店舗もあるのだ。

その店があるのは、松本駅から篠ノ井線で南へ5駅、中央本線と接続する塩尻駅だ。塩尻駅の駅そば「そば処 桔梗」は、駅そばファンの間ではかなり有名な店である。味やメニューも個性的だが、それ以上に店の構造が特徴的なのだ。ファンの間で「日本一狭い駅そば」とささやかれる通り、改札内のイートインスペースはふたり分しかなく、さらに言うと出入口のドアも間口が30センチメートルほどしかない。もっとも、改札の外側（待合室内）からでも利用できる造りであり、こちらは5人ほど並べるうえ待合室内のベンチで座って食べる人も多い。したがって、実際には「日本一狭い」の称号はまったく当てはまらないのだが、改札内のスペースがあまりにも狭すぎるため、象徴的な意味を込めてそう呼ばれるようになったのだ。

塩尻駅「そば処 桔梗」の改札内側の出入口。間口の広さは、エレベーターの半分ほど

なぜこんなに狭いスペースになってしまったのか。それは、店舗のすぐ横にエレベーターが設置されたことによる。設置に伴って店舗のスペースが一部削られる形になり、極端に狭くなってしまったというわけだ。

この有名な駅そばの運営事業者が榑木野に変わったということは、もしかしたらあまり知られていないかもしれない。なにしろ店名も麺やつゆの味も、JR系列だった時代と変わっていないのだから。

なぜ、塩尻駅の駅そばは駅そば榑木川としてではなくそば処 桔梗のまま継承されることになったのか。運営者を取材したところ、

「当社が運営する駅そば店舗のなかで、塩尻駅のそば処 桔梗は客数が突出しており、

固定ファンも多く抱えていました。塩尻は列車を乗り換える人が多い駅なので、あまり時間に余裕のないお客さまが多いです。手狭な客席スペースに鑑みて、とにかくスピーディーな対応をすることを最優先としなければなりませんでした。だから、この店舗に関しては従来のスタイルを維持するのが妥当だと考えたのです」

とのこと。冷凍生麺は、そば粉比率が高く茹で時間が短いとはいえ、やはり湯煎して温めるだけで提供できる冷凍茹で麺に比べると数十秒ほど長くかかる。この数十秒の差が致命傷になるほど、そば処 桔梗は客数が多かったのだ。

長野県内の駅そばでよく見かける、乱切りタイプの冷凍麺に醤油の風味が強いつゆ。信州らしいご当地トッピングも、多くは事前に一人前ずつ小分けにしておき、かけそばの上にのせるだけですぐに提供できる。近年登場したご当地ジビエメニューの「信州鹿肉そば」（巻頭カラー写真参照）にトッピングする鹿肉も、あらかじめ一人前ずつ小分けしてレトルト加工されている。冷凍麺と並行して湯煎することで、ロスタイムなく提供できるよう工夫されているのだ。

日本一狭い駅そばは、その狭さに見合わぬ客数を誇る人気店。しかも、列車を乗り換えるわずかな時間を利用して食べに来る人が多い。どんなに美味しいそばを提供しても、時間が間に合わず食べられなければ意味がない。より多くのニーズに応えるために、そば処桔梗だけは以前と変わらぬ姿で存続されることになったのだった。

## 新駅舎で唯一復活した、新潟の覇者　【新潟県】新潟駅「やなぎ庵」

どうも近年、ＪＲはホームや改札内コンコースの店舗数が減少傾向にあるように感じる。駅そばに限らず、コンビニエンスストアや売店までもがその対象となり、ガランと広いばかりで店舗の類は一切ない駅が増えてきている。改札外に大規模なショッピングエリアを設置する形で補っているので、改札内外の活気の格差が広がるいっぽうである。とくに駅舎改築と併せてホームが高架化されるケースでは、ホーム上の店舗が消滅する傾向なのだ。近年では、新潟駅、高知駅、熊本駅といった県庁所在地の中心駅でこのような事例がみられる。

なかでも新潟駅は、とくに駅舎改築で駅そばが割を食ってしまったケースである。最盛期には、在来線ホームに４軒、新幹線ホームに１軒、改札外に３軒、駅ビルの地下に１軒と、計９軒もの駅そばが群雄割拠していた。複数の運営事業者が入っていたため味にもメニューにも個性があり、全国でも指折りの「駅そばのハシゴが楽しい駅」だった。

しかし、これはさすがに過密状態だったようで、２００８年頃から撤退の動きがみられるようになった。そして２０２４年までにホームの高架化と駅舎の改築が進められ、このさなかにすべての駅そばが姿を消すことになってしまった。この間には、西口の改札外に新たな駅そばが1軒誕生し、さらには万代《ばんだい》口のロータリー向かいに駅前そばが誕生したシーンもあった。しかし、この2軒も短命に終わっており、これを含めて考えるとわずか15年ほどの間に11軒の駅そばが暖簾を仕舞う事態になってしまったのである。これは駅そば史上最大かもしれない惨禍であり、「お願いだからこれ以上ホームを高架化するのはやめてくれ」と天に祈った駅そばファンも多かったのではないだろうか。そして、こういったシーンだけを切り取って見れば、「駅そばは絶滅危惧種」と揶揄したくなるのも頷ける。

新潟駅舎の改築工事は、２０２４年4月に駅ビルの商業施設「Ｃｏ《こ》Ｃｏ《こ》Ｌｏ《ろ》新潟」がグランドオープンしたことで、ようやく完結。まだ万代口の広場の整備工事が続いているものの、新駅舎の全貌は明らかになった。ＣｏＣｏＬｏ新潟は、東西それぞれの改札外に分かれて開業している。東側は2階（改札階）がとくに充実しており、〝デパ地下〟のような雰囲気。広いフロアに小さな店舗が集合したショッピングエリアだ。いっぽうの西側は

1階に広大なショッピングエリアが設けられ、改札がある2階では日本酒をメインに扱う物販店と飲食店の複合店舗「ぽんしゅ館コンプレックス」などが開業している。

閉店した11軒の駅そばのうち、新駅舎で唯一復活を果たしたのが、旧駅舎では万代口改札外で営業していた「やなぎ庵」だ。万代口の駅舎解体に伴う閉店から約2年半を経て、2023年6月にオープンしている。場所は、西口改札の外。改札のすぐ近くだが、通路が広く設けられていることもあってCoCoLo新潟のなかでは比較的静かなエリアにある。

この落ち着いたムードが、店内に入ると一変する。立ち食い席が中心のフロアは客であふれかえっており、席を確保するのも大変だし、できあがったそばを自席まで持ち運ぶのもひと苦労だ。静かな西口2階で、ここだけ昼過ぎの学生食堂のようにてんやわんやしているのだ。それだけ、復活を待ちわびた人が多かったのだろう。言ってみれば11軒分のニーズを一手に引き受ける形になったのだから、混雑するのも当然といえば当然。あまりにも客数が多すぎるので、東口側にもう1軒復活してもよかったのではないかと思えてくる。

旧駅舎時代にはオーソドックスなメニューが中心で、とりたててご当地感を演出するようなことはなかったのだが、復活に際してメニューに少々てこ入れがされたようだ。栃尾のあぶらげそば、カレー風味新潟唐揚げそばといった、オリジナリティーに富むご当地メニューが設定されていた。これは旅人の心を的確にくすぐる。復活後の初回訪問となる今回は、カレー風味新潟唐揚げよりつゆ本来の味わいがわかりやすそうな栃尾のあぶらげそばを食べてみることにした。

栃尾は新潟県中部に位置し、2006年に長岡市に編入合併した街。名物は、3センチメートルほどの厚みがある油揚げ（「あぶらげ」と呼ばれる）。見た目には厚揚げのように見えるのだが、木綿豆腐の水分を切ってから揚げるため中心部までしっかり火が通り、細かな気泡がたくさん生じてふわふわした食感に仕上がる。そばにのせると、この気泡部分につゆが染み込むことでジューシーになり、出汁の香りとともに味わえる。出汁文化を象徴するような食材であり、そばとの相性は抜群で食欲は増すばかりだ。

乱切りタイプの麺は、長野県内でよく見られるそれとは異なり、軽めの食感が特徴。つゆは、カツオ出汁を前面に押し出した風味だ。以前に比べて出汁感が強くなったように感じたのは、削り節がトッピングされていたためだろうか。基本的に味は以前と変わっていないようで、きっと肩を寄せ合う周囲の客たちも「これこれ!」「あの味だ!」と納得しながらそばをすすっていたことだろう。日々接してきた味がなくなってしまうことは、あ

栃尾のあぶらげそば。適度な油気がまろやかさを加える油揚げは、まさに“出汁文化の申し子”

る日突然目覚まし時計が壊れてしまうようなもの。生活のリズムが狂ってしまう。

大きく変わった新潟駅に、ベース部分は変えぬ駅そば。不意に、私が昔から馴れ親しんだ駅そばである、埼玉県の西武所沢駅「狭山《さやま》そば」が連鎖想起された。これで壁一面に旧駅舎の写真でも掲示しようものなら、私は多すぎるほどの駅そばがひしめいていた時代を懐かしく思い出して、涙を流しながら食べることになっていただろう。隣の客に無様な姿を見られることなく食べ終えたのは幸いだったかもしれないが、1軒だけでも駅そばが復活してくれて感極まり、嬉し涙がこぼれそうになったことは間違いない。

## 専用駐車場つき駅そばへリニューアル【富山県】石動駅《いするぎ》「麺類食堂」

東京や大阪などの大都市部では、駅そばは主に列車の乗降者が利用するものである。地方や郊外においてももちろんその側面はおおいにあるけれど、同時に、車やバイクで食べに寄る人も多い。駅前にはロータリーや広場が整備されており、車やバイクを止めやすい。駅の利用者向けに短時間無料で止めることができる駐車場が用意されている駅も少なくないのだ。

富山県小矢部市《おやべ》の中心部に位置する、あいの風とやま鉄道の石動駅《いするぎ》。かつて当駅には、改札の内外両側から利用できる便利な駅そば「麺類食堂」があった。店舗は駅舎内ではなく駅前広場沿いにあり、改札外側の出入口は車やバイクで寄りやすい駅前広場に、改札内側の窓口は列車を降りてすぐに食べられるホームに面しているという、珍しい構造だった。

しかし、2018年に駅舎が改築されたことで、麺類食堂はその場を追われてしまうことになる。図書館を併設し、別棟で営業していた麺類食堂を飲み込むほど大きな駅舎に生まれ変わったためである。このとき、私は「さすがに新駅舎で駅そばが復活することはなさそうだ」と、半ば諦めていた。しかし、駅舎の西側から東側に場所を移し、駅舎から通

駅舎2階から撮影。駐車場は、詰めれば10台くらい止められそうだ

路を1本挟む形で、つまり駅前そばとして復活を果たしたのだった。

建物は建て替わっているはずだが、プレハブをポンと置いたような造りは相変わらずで、厨房をL字型に取り囲む客席配置も以前と同じ。メニューも特段変わっていないようだし、年季の入った茹で釜や木製の割り箸入れなども旧店舗からそのまま持ってきた様子。だから、新しい店なのにどこか懐かしく、郷愁に包まれている。窓の外にあるのはホームではなく駐車場なのに、すぐ目の前に列車がやって来そうな錯覚にとらわれる。

大きく変わった点は、ホーム側の窓口がなくなったことと、店舗脇に専用駐車場が設けられたことくらいだろう。専用駐車場がある駅そばは、たいへん珍しい。旧店舗の時代から車で食べに来る人が多かったと思われるが、以前は専用駐車場を併設していなかったため駅前広場に無秩序に駐車されていた。しかし、駅舎改築と同時にロータリーも整備され、無秩序な駐車は物理的に不可能となった。そこで、専用駐車場を設けることで車でやって来る人々に便宜を図ったのだろう。ちなみに、店は市営駐車場の入口ゲートの脇にあり、専用駐車場はゲートのすぐ手前の左側にある。つまり、ゲートの外だ。ただし、市営駐車場は30分まで無料で駐車できる。30分あればそばを1杯食べるには充分なので、間違ってゲートを通過してしまったとしても慌てることはない。

ここでいただくメニューは、いなりそば。全国的にはきつねそばの名で親しまれているものだ。きつねは、呼び方の種類がもっとも多いメニューではないかと思う。きつねが最有力なのは間違いないが、大阪ではたぬき（そばに限る。うどんはきつね）だし、そのほかの地域でも、しのだ（信太、志乃田などを含む）、いなり（稲荷を含む）、あげ（油揚げを含む）など、地域や店ごとに呼称のばらつきが目立つのだ。東京ではほぼきつねで統一されているから、東京で暮らす私は旅先でしのだ、いなりといった表記を見かけると、それだけでふつふつと旅情が込み上げてきて、食べずにはいられなくなる。お品書きを眺め

北陸らしく赤巻カマボコを添えたいなりそば。このカマボコを見るだけでも旅情に包まれる

るだけで旅情を味わえるファストフードが、ほかにあるだろうか。駅そばだけだろう。

麺類食堂のいなりは、先に紹介した栃尾のあぶらげを連想させるほど分厚いものだった。食べやすくスライスされているため中の豆腐の部分が露出しており、およそきつねそばのルックスではない。うすくち醤油をベースにした旨みのある出汁をたっぷり含み、口に入れた瞬間にジュワッと弾ける。何度食べても、これは美味しい。関西風のつゆなので、関東風で提供される新潟駅の栃尾のあぶらげそばとは味わいが異なる。新潟は香りの出汁、石動は旨みの出汁。そのどちらにも、厚みのある油揚げは絶妙にマッチする。

北陸方面におけるつゆの関東風・関西風の境界線は、おおむね富山駅付近にある。だから、富山県の西端に位置する石動駅は関西風。まったく不思議なことではないのだけれど、なぜ境界線が富山にあるのかと問われると、ちょっと首をひねってしまう。こういった食文化の違いは山や川、海、県境（旧国境）などが境界となるのが一般的なのだが、つゆの境界線は街なかなのだ。富山駅に2軒ある駅そばのうち、「越中そば」は関東風、「立山そば 源」は関西風。街なかのそば店を見ても、関東風で出す店と関西風で出す店が混在している。明確な境界線を引くことはできず、富山市内で混ざり合っているのだ。

駅そばを巡る謎は、解き明かせば解き明かすほど深まっていく。終わりが見えないから、飽きることがない。一生研究し続けられるテーマだと思うし、おそらく一生かかってもすべてを解明することはできないだろう。

## 東京の有名店が、意外すぎる名古屋進出 【愛知県】名古屋駅「よもだそば」

名古屋で駅そばといえば、大半の人がきしめんの「住よし」を思い浮かべるかもしれない。JRの各ホームに店舗があり、カツオ出汁をビシッと利かせたつゆに喉ごしのよい平打ち麺。目先を変えたメニューを豊富に揃えていることも奏功し、老若男女を問わず人気が高い。わざわざ入場券を買って食べに行く人も少なくないという。

しかし、今回紹介するのは、2017年に改札外にオープンした「よもだそば」である。よもだそばは東京・日本橋で創業した立ち食いそばのミニチェーン。麺にもつゆにもパンチ力があるそばと、本格的なインドカレーが人気の店だ。日本橋での創業が2007年だから、さほど長い歴史があるわけではない。どちらかというと新興のチェーンである。創業当初からクオリティーの高さと豊富なメニューで話題となり、創業から5年後には銀座に2号店を出店する。

有名店が、チェーン展開を始めた途端に評判を落とすケースは珍しくない。本来のクオリティーを維持できるのは本店だけで、支店では本店の味を再現できないのが主な要因だ。同じ材料を使って同じレシピで作っても、調理人が変わると味にもブレが生じてしまう。これは先に述べた通りである。私が最近身近に感じた例を挙げると、山手線某駅近くに本店があるうどん店がこれに当てはまる。初めて本店で食べたときには、絹のような舌触りの麺に衝撃を受けたものだが、その後チェーン展開を始め、試しにいくつかの支店で食べてみると本店の舌触りがまるっきり再現できておらず、がっかりした。人気店にとって、チェーン展開はなかなかリスキーなことなのだ。

その点、よもだそばは銀座店でも日本橋の創業店と同じクオリティーのそばとカレーを提供していたので、これなら店舗数を増やしても大丈夫だろうと思っていた。次は神田か新橋か、あるいは新宿や渋谷になるのか。個人的に食べに行きやすい池袋にオープンしてくれたらいいな、などと考えていた。ところが、3号店は本店から300キロメートル以上離れた名古屋だった。それも、まったく実績のない駅ナカへの出店だったのである。これには心底驚かされた。誰もこの展開は予想できなかったのではないだろうか。

店主の九十九《つくも》章之《まさゆき》さんは当時を振り返って、

「名古屋駅への出店は、JRさんからオファーをいただく形で実現しました。私はよもだそばを始める前は不動産業界で仕事をしていて、出張の際に全国の立ち食いそばを食べて回っていました。そのなかで、名古屋は人口が多いわりに立ち食いそばが少ないなと感じていました。立ち食いそばに限らず、安価な飲食店が全体的に少なかったんです。だから、本店から遠く離れていても、成功する見込みは充分にあると思っていました」

と話す。

出店場所は、もともと別の駅そばが入っていた物件。閉店後には利用者から「次はどんな店が入るのだろうか？」と注目されていた。そのため、「よもだそば 名古屋うまいもん通り広小路口店」は、開店当初から名古屋の人々にすんなりと受け入れられた。そばもカレーも、新たな名古屋駅名物としてその地位を高めていくのである。

名古屋への攻勢はこれで終わらない。コロナ禍の2021年春には、なんと名古屋での2店舗目となる「よもだそば 名古屋サンロード店」がオープンしたのである。こちらは、JRではなく名鉄や近鉄の名古屋駅に直結した地下街にある。そして、通路の向かいには喫茶店まで開店。名古屋に一大拠点を築く勢いだ。ちなみに、東京でもその後新宿や御徒町《おかちまち》などに新規出店しており、決して東京から名古屋へ鞍替えしたわけではない。

東京でも名古屋でも広く愛されるそばは、香り豊かでザラザラと舌をくすぐる食感の麺と天然出汁にこだわったつゆのコンビネーションが大きな魅力。最初のひと口で一定の満足感を与える力強さがある。メニューが豊富で、天ぷらの種類が多いのも特徴だ。ニラ天（巻頭カラー写真参照）などの変わり種は通年扱うものもたくさんあるが、季節限定の天ぷらも楽しみのひとつ。毎年春先に販売されるふきのとう天は、個人的に随一のお気に入りである。九十九さんは

「とにかく目についた野菜は全部揚げてみました。香りがあるタイプの野菜なら、どれ

姿揚げで見た目も美しいふきのとう天そば。フキノトウは青森県の契約農家から仕入れており、鮮度もよい

を使っても美味しく仕上げる自信があります」

と胸を張る。

東京に続いて、名古屋でも成功をおさめているよもだそば。次はどのような手を打ってくるのか。大阪や福岡あたりに手を広げるようになれば、いよいよ「全国チェーン駅そば」の実現性が高まってくる。ただ、私が本心からそう望んでいるかと問われると、ふたつ返事で「うん」とは言えない部分もある。心のどこかに、駅そばはハンバーガーや牛丼などと違って、全国一律にはならない特殊なファストフードであり続けてほしいと願う自分がいる。完全にエゴイズムではあるけれど、そもそも〃好み〃とはオブラートに身を包んだエゴイズムであると思う。

なお、そばと並ぶもうひとつの名物であるカレーについては、章末のコラムで別途取り上げることにしたい。こちらも、強烈なインパクトと深い味わいが魅力の一品である。

## リゾート気分満点！ これぞ令和の駅そば　【三重県】鳥羽《とば》駅「かもめベイテラス鳥羽」

リゾート地のイメージが強い三重県伊勢志摩地方のなかでも、とりわけ多くの観光客が訪れる鳥羽市。鳥羽水族館やミキモト真珠島など海にまつわる見どころが多く、リゾートムードを気軽に楽しめる街だ。また、愛知県の伊良湖《いらご》港との間で運航しているカーフェリーも、交通手段としてだけでなく観光の一環として利用する人が多い。そして、鳥羽港を含め多くの観光施設が鳥羽駅から徒歩圏内にあるため、鉄道で訪れても観光しやすいのが特徴だ。鳥羽駅は2階建ての立派な駅舎を擁し、改札外の駅構内店舗も充実している。JR側は〝名店街〟と呼びたくなるようなレトロムードに富む土産物店、近鉄側は明るく整然とした雰囲気。カラーがはっきり分かれているのが面白い。

駅そば「かもめベイテラス鳥羽」があるのは、近鉄側だ。土産物店の奥で、広いフロアにテーブル席をたくさん並べたフードコート風の店舗。窓際の席に陣取れば、近鉄線の線

駅そばというよりはカフェのムード。明るい雰囲気で、ゆったり過ごせる

路や伊勢湾を望める好環境だ。

かつては近鉄系列の駅そばが喫茶メニューやハンバーガーなどを追加で提供するような店舗で、どこか垢抜けない雰囲気だった。しかし、コロナ禍の2021年7月に全面リニューアルし、イメージがガラリと変わった。木目調の意匠は穏やかで気品に富み、フロアに並べられたテーブルは木目が美しいものや白塗りのもの、パラソルが設置されたものにソファー風のものなどバリエーション豊かになり、そばよりトロピカルドリンクが似合いそうな雰囲気になったのだ。言ってみれば、〝保養地〟から〝リゾート地〟への変化である。

麺類メニューは、伊勢うどんが中心。新装

オープン当初は「鳥羽SOBA」と名づけた地元の食材を使
していたのだが、このうち伊勢湾に浮かぶ答志島《とうしじま》産の海苔をトッピング
SOBA BLACK」、海藻のアカモクをのせる「鳥羽SOBA RED」、アオサノリを
使った「鳥羽SOBA BLUE」は、その後終売。現在は伊勢いものとろろを鳥羽
羽SOBA WHITE」だけが残っている。ネーミングまで、駅そばらしからぬリゾー
ト仕様だ。いっぽうの伊勢うどんは、開店当初の2種類から、約3年間で6種類にまで拡充されている。なかには松阪牛を使った1200円のメニューまである。観光客の間では伊勢うどんのほうが人気、ということだろうか。この調子だと、鳥羽SOBAシリーズとして唯一残ったWHITEも先行きが怪しいだろうか。そう思って店員に尋ねてみると、

「そばもこだわりをもって提供させていただいていますので、WHITEの終売は考えていません」

と力強い返事をいただけた。ひと安心だ。

もちろん、いただいたのは鳥羽SOBA WHITE。かけそばの上にとろろをのせ、アオサ粉を振りかけて仕上げる一杯だ。伊勢いもは三重県の中南勢地域で伝統的に栽培されている稀少なもので、ナガイモの一種に分類される。しかしその形状は一般的なナガイ

ばは使い捨て容器での提供。お洒落な見た目とは裏腹に、硬質な麺にカ
を感じる鳥羽SOBA WHITE

モとは異なり、ジャガイモのように丸っこくゴツゴツしている。蛋白質を多く含むため粘りが強く、栄養価が高いのが特徴だという。

実際に食べてみると、とろろは泡のようにふんわりとやわらかく、食感も風味もやさしい印象だった。それほど強い粘性は感じなかったのだが、調理法に特 、があるのだろうか。つゆに浸ること りやわらかくなるので、つゆの量が い冷やしそばにのせればま 違った 象になるかもしれない。アオサ粉を けるのは彩りの意味合い ば、繊細な伊勢い を使ったそばメニューを4種粉はかけなくてもいいのではないかな……。とはいえ、とろろそばはどうしても色合いが寂しくなるものなので、見た目の演出にも一定の理解はできる。地元の稀少な食材にこだわっている点も含め、高く評価したい。

惜しむらくは、海のイメージが強い街なのに、海産物を使ったメニューが終売となってしまったことだ。私はＢＬＵＥとＲＥＤを食べる機会には恵まれなかったが、ＢＬＡＣＫは初回訪問時にいただいている。丼からはみ出す肉厚の板海苔がインパクト絶大で、そのまま食べても風味豊かで美味しいし、つゆに溶いても味わいが深まるよいメニューだった。仕入れの難しさなどもあるため、必ずしも好評のメニューがロングセラーになるとは限らない。それでも私は、海が見える駅そばで食べるのは海の幸を使ったそばがいい。将来的にＢＬＵＥやＲＥＤ、ＢＬＡＣＫが復活することを切望してやまない。

……そうか！　だからこそＷＨＩＴＥにも海の幸であるアオサ粉を振りかけてあるのか。これが正解かどうかは確認していないが、最後の最後で自分自身のなかではスッと腑に落ちたのだった。

## 激戦のコンコースで再出発 【大阪府】新大阪駅「浪花《なにわ》そば」

東海道新幹線を大阪駅接続ではなく新大阪駅に通したのは、果たして正解だったのかどうか。私は大阪へ行くたびに、大阪・新大阪間のひと駅の移動をとてつもなく面倒に感じている。両駅とも極端に混雑が激しく、列車を乗り降りするのにひと苦労。とくに大阪駅は構造が複雑であるうえ通路が狭いので、乗り換えの移動が大変だ。近年ではおおさか東線が開業するなど利便性は向上してきているけれど、その分運行系統が複雑になり、目的地へ到達する列車が何分後に何番線にやって来るのかが分かりにくくなった。今度は新大阪駅での乗り換えが大変になってしまったのだ。大阪在住の人々は、新幹線と在来線の乗り継ぎをスマートにこなせているのだろうか。

ともあれ、大阪の新幹線需要を一手に引き受けている新大阪駅は、列車の乗り換えで利用する人が圧倒的に多い。このような駅では駅そばは改札内にあったほうが利用しやすく、在来線コンコースの「浪花そば」は連日大にぎわいであった。平成中期頃までは、JR京都駅改札内跨線橋上の「麺・串・釜炊きおにぎり門左衛門 麺・串・」、JR天王寺駅改札内コンコースの「天王寺うどん」を合わせた3軒を、私は勝手に〝関西駅そば三銃士〟と位置づけていた。この3軒は、ほかの駅そばと比べて段違いに客数が多いと感じていたのだ。

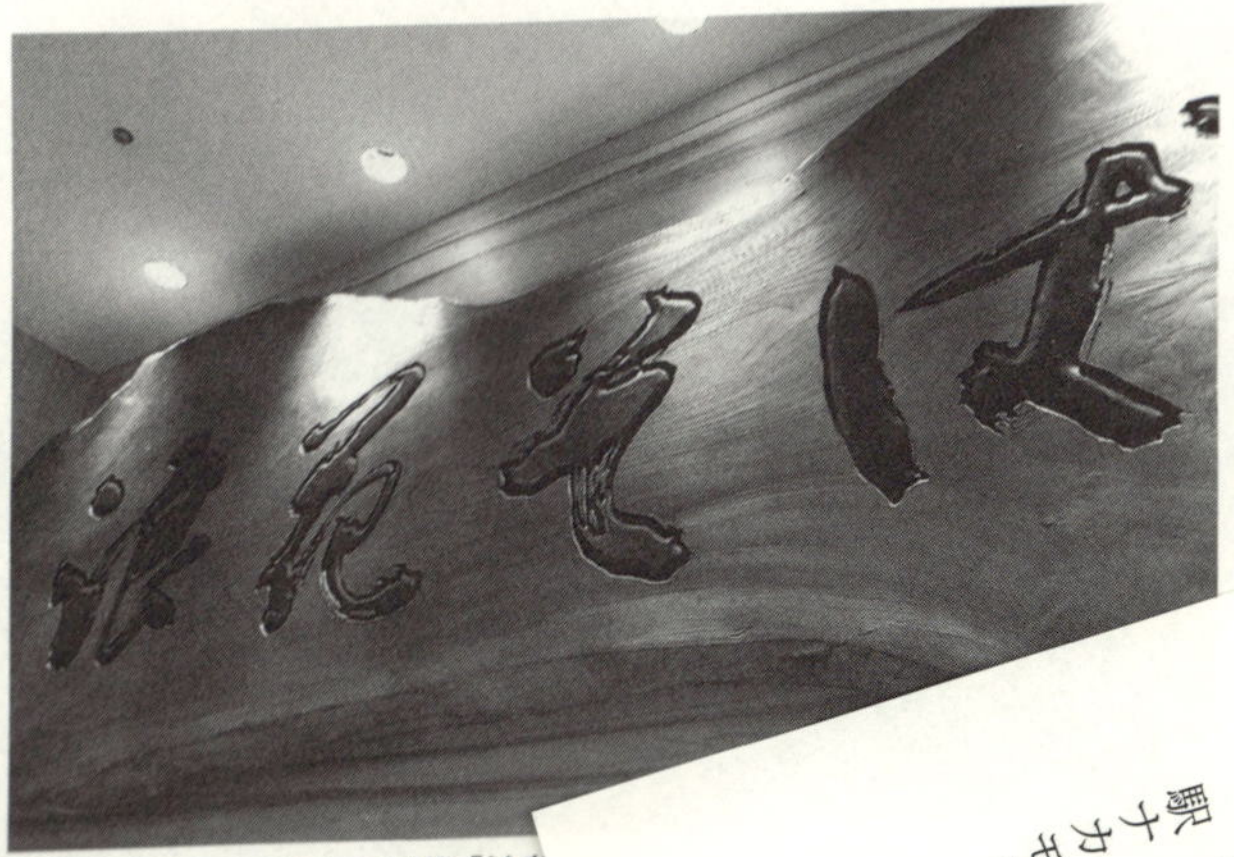


店内には、2013年まで初代「浪花…
看板が残されており、この前で記念…

…注文で
…」
…現在日本一の客数
…いるJR品川駅「吉利庵」
食券制ではあるものの、購入した食券を受け取る専門のスタッフを配置している。浪花そばに券売機が導入されたということは、それだけ客数が落ち着いたことを象徴しているともいえるのではないだろうか。

たこ焼きをそのままそばにのせるたこ焼きそば（巻頭カラー写真参照）や中華麺を使った新大阪そばなど、オリジナルメニューもお





ところがその後、三銃士は揃いも揃って不遇の歴史を[illegible]
2016年に天王寺うどんが閉店。この時代に、JR系列の飲食事業[illegible]
天王寺うどんの運営会社は吸収合併されている。加えて天王寺駅改札内[illegible]アル工事が始まることとなり、閉店となった。その後、東口近くに場所を移[illegible]家みちくさ」として復活を果たしているが、乗り換えルートからやや外れる場所に移ったこともあり、天王寺うどん時代と比べると客数はだいぶ落ち着いているように感じる。

次いで、2018年には「麺・串・釜炊きおにぎり門左衛門 麺・串」が閉店。こちらは、改札外にうどん専門店として移転する形になった。運営事業者を取材したところ、改札のすぐ外で「旧店舗はフロアが狭くてやりたいことがなかなかできませんでした。ちょうどいい広さの物件が空いたので、移転することにしました」との回答だった。確かに実質移転後の「つくもうどん」はたいへんにぎわっており、メニューにもオリジナリティーがあって興味深い店ではある。しかし、そばの扱いを終了してしまったことが残念でならない。

三銃士のうち、唯一同じ店名で現在まで残っているのが、JR新大阪駅の浪花そばということになる。ただし、この店もまた、近年は波乱続きだった。まず、駅ナカモール「エ

月見ちらしそば。縮れがなくピンとした張りのある麺も、以前と変わらぬ凛とした味わい

おおむね健在だ。しかしまずは、初代との味覚的な比較を楽しみたいので、月見ちらしそばをいただいてみることにしよう。揚げ玉と生卵をトッピングするメニューを「月見ちらし」と称するのは、他店では見たことがない。初代から2代目へ、メニュー名とともに受け継がれたものだ。

食券を購入すると同時に厨房へオーダーが通る仕組みなので、購入した食券は持ったまま席で待っていればよい。21時前という遅い時間帯だったこともあり、先客は4人。エキマルシェがオープンする以前には考えられなかったほど閑散としている。エキマルシェには酒類をメインに提供する飲食店も多く、とくに夕方以降は客足が他店へ流れ、浪

キマルシェ新大阪」の整備に際し、2013年に一度閉店。エキ…
2015年に復活を果たすも、コンコース内に数多くのライバル…
は分散し、行列が長く伸びるほどにぎわう様子は見られなくなった…
運営事業者の経営破綻により再度閉店となってしまうのである。2…
際には店舗付近に貼り出された告知の貼り紙にファンがメッセージを…
のような状態になっていた。しかし2021年の閉店は急なものだっ…
で様々な憶測が飛び交う事態となった。

幸いだったのは、すぐに後継事業者が名乗りをあげ、閉店の翌202…
せたことだ。事業者が変わったものの、内外観はほとんど変わらず個性的…
半が継承された。そのため、事業者が変わったことに気づいていない人も…
う。しかし実際には、現在の浪花そばは〝2代目〟なのである。

主だった変更点といえば、食券制が導入されたことと、おにぎりのライ…
ナーが新設されたことが挙げられる。〝初代〟浪花そばでは頑なとも思え…
置かず、口頭注文に徹していた。それも、厨房へ直接注文するのではなく…
専門のスタッフを介して厨房へ伝達する仕組みだ。あまり効率がよ…

ばは空いていることが多そうだ。もっとも、以前の混み方が異常だっただけのことで、現在の客数のほうが適正であるともいえるのだが。

粒の大きさが不揃いな揚げ玉は、色白で甘みがあるタイプ。初代と同じ仕様だ。東京では、かつてはもっときつね色が濃く、カリッとした食感に仕上げた揚げ玉を提供する店が多かった。甘みより香ばしさのほうが前面にあるもので、カツオ出汁を利かせた香りのよいつゆと絶妙にマッチして、個人的に好きだった。しかし近年では、浪花そばの揚げ玉のように色白のサラサラしたものを出す店が増えてきているように感じる。浪花そばの場合は、初代も二代目も、香りより旨みを前面に立たせた昆布出汁中心のつゆだから、甘みと旨みの相乗効果でとても美味しくなる。カツオ出汁の香りを全面に出した関東風のつゆには、昔ながらの香ばしい揚げ玉のほうが合っているように思う。

カマボコを2枚のせるのも、西日本の駅そばに多くみられるスタイル。つゆやネギのようにはっきり境界線を引くことができる特徴ではないけれど、大きく分けると「東は1枚、西は2枚」という傾向があるのだ。ちなみに、私が知る限りでは、カマボコや鳴門巻きをもっとも多くのせる駅そばは、静岡県・JR三島駅の「桃中《とうちゅう》軒」である。メニューにもよるが、最大で4枚のることがある。

なにはともあれ、新大阪駅の改札内コンコースに駅そばは残った。それも、味もメニューも初代から大きく変えることなく受け継いでおり、長年通い続けている固定ファンの心もがっしりと鷲掴み。今後も三銃士時代を懐かしく思い出しながらそばをすることができそうで、よかった。

**ホーム上でもゆったり。脱鉄道系の急先鋒【兵庫県】阪急塚口駅「蕎麦屋のサンジ」**

関東と関西の駅そばのトレンドを考察すると、関東で生まれた流れがワンテンポ遅れて関西に到達する傾向が見えてくる。生麺や店揚げ天ぷらの導入、JR系列チェーンの統合、タッチパネル式券売機やキャッシュレス決済の導入。いずれも、関東が先で関西が追随する展開だ。そしてどうやら、自由競争と脱鉄道系の動きも同様になりそうである。首都圏では、JR・私鉄とも平成後期頃からこの動きがみられるようになってきた。しかし関西では、私鉄各線でこの動きが活発になってきたのは令和に入ってからであり、JRではまだその兆しがみられない。

関西の大手私鉄のなかで、近年駅そばの大規模な再編があったのは、阪急と近鉄だ。阪急沿線では、関西私鉄最古の駅そばとして有名な「阪急そば」が寡占的に営業してきたが、2019年に全店舗一斉閉店。一部の店舗が外部事業者の委託により「若菜そば」として継承されることとなった。近鉄沿線では、2021年以降に多くの駅そばが「粋麺《すいめん》あみ乃や」にリニューアルされている。阪急そば解体に続く出来事だっただけに、咄嗟にこちらも外部事業者の委託運営に変わったのかと思ったが、運営は変わらず近鉄の系列会社である。こちらは、リブランディングの意味合いが強そうだ。阪急と近鉄とでは、見た目には似たような変化を遂げたのだけれど、実態は大きく異なるものだったわけだ。

若菜そばは、阪急十三《じゅうそう》店（大阪府）のポテそばなど阪急そば時代の名物メニューや定番の小エビ入り天ぷらなどは残しつつ、店揚げのかき揚げを提供するなど独自色も取り入れた運営スタイルをとっている。既存顧客維持と新規顧客獲得という両面からのアプローチを試みているようだ。

ところが2022年12月、まったく阪急そばの面影を残さない駅そば「蕎麦屋のサンジ」が、阪急塚口駅に出現した（巻頭カラー写真参照）。運営は若菜そばと同一の事業者で、店内製麺で打ちたて茹でたての生そばを提供。うどんの提供はない。券売機を置かず、各種トッピングは客が自ら皿に取ってレジで会計する。最近の讃岐セルフうどんのチェーン店に多くみられるスタイルを採用している。いや、そば専門店であることを考えると、

仕上げに柚子皮を添えるなど、細部まで工夫が凝らしてあるきざみそば

モデルになったのは長野県発のチェーン「小《お》木《ぎ》曽《そ》製粉所」あたりだろうか。いずれにしても、阪急沿線ではまったく新しいコンセプトの店だ。

各席に魚粉やラー油を常備するなど、流行りもしっかり取り入れている。そばとラー油の組み合わせは、首都圏ではだいぶ浸透してきているが、関西ではＪＲ京橋駅前の「京橋うどん」や前述の新大阪駅「浪花そば」などで扱ってはいるもののまだまだ少数派。これも、首都圏に追随して関西圏にやって来たトレンドのひとつだといえそうだ。

できあがったきざみそばを目にして、さらに驚く。つゆに沈んだ部分の麺がほとんど見えないほど、つゆの色が濃い。これは、こいくち醤油を使った関東風のそばではないか。麺は、細打ちのわりに歯ごたえが強めで、それでいてプツプツ切れてしまうことはなくしっかりつながっている。そばの香りもありそうだが、つゆの香りや甘みに上書きされているような印象だった。総合的な印象は、牛丼チェーン「吉野家」の一部店舗で提供している十割そばに近いだろうか。吉野家の十割そばは、いっとき全国展開の兆しをみせたものの、その後失速。関西圏にも数店舗あったが、いずれも閉店もしくは牛丼専門店に戻っている。私は、関西でこいくちのつゆがあまり好まれなかったのではないかと分析しているのだが、果たして蕎麦屋のサンジはどうか。阪急沿線に広く展開するような流れにはならないと思うけれど、1軒だけでもこのような個性に富む店舗があるのは好ましいことだと思う。途中下車で寄りやすいホームにある店舗なら、なおさらだ。

## 食べて美味しく、研究も楽しい駅そば　【島根県】出雲《いずも》市駅「出雲の國 麺家」

西日本はそばよりうどんのほうが優勢といわれるが、山陰地方はそば食が盛んな地域である。出雲そばや兵庫県北部の出石《いずし》の皿そばなど、伝統的な郷土そばも多い。

JR出雲市駅は、出雲大社参拝の起点となる駅で、駅舎も社殿風にデザインされている。

「黒崎」時代に比べ、やや現代風の外観になった。駅弁は、店舗外側の窓口で購入可能

駅舎内では、かつては駅弁事業者が営む駅そば「黒崎」が入居し、割子《わりご》と呼ばれる円形の器にそばを盛りつけて3段重ねた割子そばや、茹でたそばを冷水で締めずに盛りつける釜揚げそばなど、ほかの地域にはないスタイルの出雲そばを楽しめる店として親しまれてきた。しかし、２０１８年に閉店。駅そば店舗の閉店だけでなく、駅弁事業や本業の旅館業も含めての廃業であった。

これにより一時的に出雲市駅ではそばが食べられない状態になったのだが、黒崎の閉店からわずか3か月で後継事業者が入り、駅そばも駅弁も復活を果たす。ただし、後継事業者は駅弁調製を手がけていないため、駅弁は松江駅のものを委託販売する形になった。

転生した駅そばは、出雲市駅近くの事業者が運営する「出雲の國 麺家」。出雲空港や出雲大社参道にも同名の店舗を出店している地元の事業者であり、本物の出雲そばを味わえる。もちろん、メニューには割子そばや釜揚げそばもラインナップされている。加えて、ラーメンや一品メニューも豊富に揃え、黒崎時代よりメニューの数がだいぶ増えた。同名の店舗を空港や街なかにも出店しているのだから、駅そばと空そば、街そばの比較研究ができる駅そばでもある。食べて美味しいだけでなく、駅そばを研究するうえでも興味深い店が誕生したのである。

黒崎時代の名物でもあった3色割子そばをいただこう。〝3色〟というだけあり、3枚の割子にそれぞれ異なるトッピングをのせる。本来、割子そばは3枚の割子を重ねて、弁当として持ち運びやすくした食べ方。しかし、3色割子は見た目に華があるメニューなので、3枚の割子は重ねることなく三角形を描くように平たく並べて提供する。これも、黒崎時代と同じ様式だ。トッピングは、それぞれとろろ、揚げ玉、山菜ナメコがメイン。加えて、刻み海苔やもみじおろし、削り節、青ネギといった薬味を添える。出雲では、冷たいそばの辛みにはワサビではなくもみじおろしを用いるのが定番。ワサビほど鼻に抜ける辛みは強くなく、代わりに喉をピリッと刺激する。これはこれで美味しい。

3色割子そばは、麺が小分けされているので、食べ進めるうちにつゆが薄まることはなく、一定の味わいを楽しめる

麺は、田舎風の太打ちだ。ほどよい弾力と歯ごたえを併せもち、放射状に膨らむようなそばの香りも含め、盛りだくさんのトッピングに負けない存在感を発揮する。甘めのつゆも麺やトッピングの間隙を縫って主張してくるので、三者それぞれ一歩も引かないとばかりに張り合っているような印象だった。もともとは武士や商人たちの弁当だから、おそらくこれほど華やかなものではなかっただろう。ベースは素朴な郷土そばだけれど、イメージは完全に〃ハレの日〃のご馳走だった。豪華なメニューであるだけに、値段は高め。トッピングをのせない（薬味のみ）シンプルな割子そばのほうが、

駅そばのイメージには合っているかもしれない。

さて、この店はプレハブ小屋をポンと置いたような簡易的な店舗構造であるため駅そばの定義に抵触しないと考えるものの、客席はすべてテーブル席で、配膳もしてくれる。ホームの島式駅そばなどとは一線を画す店舗である。どちらかというと、郷土そば店の色合いが強い。安価提供より手打ち出雲そばの提供にこだわり、酒類の提供もある。比較的時間をゆったり使って食べることができる駅そばである。そのため、街なか店舗や空港店舗とのメニューの違いは、あまり顕著ではない。そのなかで、駅そばと空そばの違いといえるのではないかと感じたのは、酒類のメニュー数だ。空港店舗のほうが酒類もつまみも多く設定されているのだ。駅そばを利用するのは基本的には列車の乗降者なのだから、1時間も2時間も滞在するのは居酒屋感覚で寄る仕事帰りのサラリーマンくらいだろう。観光客は、せいぜい30分くらいまでではないだろうか。これから列車に乗る人が1時間も2時間も前に駅に到着するとは思えないし、列車を降りた観光客も駅で長時間足止めとはならないと思うのだ。いっぽう、航空機は事前に予約する人が大半で、便数が少ない空港であれば、万が一乗り遅れたら大変なことになる。搭乗までの間には、手荷物の預け入れや保安検査などもある。鉄道に比べて、かなり時間に余裕をもたせて空港へ行く人が多いだろう。

ちなみに私の場合は、鉄道利用の際には発車10分前くらいに駅へ着ければ安心できるが、空の便はフライトの2時間くらい前に空港に着いていないとそわそわしてしまう。個人差はあるにしても、大まかにいえば私と同じように考える人が多数派だと思う。

だから、空港では早く着いた分手持無沙汰な時間が長くなる。そこに飲食店があれば、時間を潰すために立ち寄る人も多いだろう。だからこそ、時間をかけて楽しめる酒類などを多く用意していると考えるのが妥当なのではないだろうか。

これは出雲に限った話ではなく、全国的に当てはまる。駅そばは、〝早く安く〟の簡便性に傾倒。空そばは、簡易的な利用もできるが、持て余した時間をきっちり潰せるように工夫されていることが多いのである。

## 駅に活気を取り戻す〝二圃式〟の駅うどん【山口県】小野田駅「日の出屋」

平成中期頃まで、山口県は駅そばの密度がたいへん高かった。しかも、駅ごとに運営事業者が異なっていて、食べ比べも楽しかった。しかし、県内の駅弁事業者の大合併が断行された2015年あたりから淘汰が始まり、以来10年ほどで半分近くにまで減ってしまった。現在も、他県と比べて極端に少ないわけではない。むしろ平均よりは多く残っているくらいではあるが、若い頃に県内での食べ歩きを楽しんだ想い出があるだけに、私は寂しいのである。

山陽本線と小野田線が接続する小野田駅も、駅そばが撤退してしまった駅のひとつだ。改札の外、待合室内にあった「味一」が閉店したことで駅からひと気がなくなり、なんだか街全体が急速に寂れてしまったように感じられた。駅ナカに店舗がひとつあるかないかで、こんなにも街の印象が変わってしまうものなのかと驚いたものだ。改札の外にあった店舗だから、列車の乗客だけでなく駅周辺で暮らす人々にとっても貴重な店であり、なくなってしまうと街全体が寂れることにつながってしまうのかもしれない。

駅近くの居酒屋の店主も、私と同じように感じたのかもしれない。危機感を募らせ、当時まだ店舗の建物が解体されずに残っていたことも幸いし、後継に名乗りをあげたのだった。古びた外観はきれいにリニューアルし、味一閉店から約2年後の2021年10月に、そばは扱わないうどん専門店「日の出屋」として開業。味一はJR西日本系列の駅そばだったので、これも自由競争から脱鉄道系を達成したケースのひとつだといえる。駅前の居酒屋がJR系列の駅そばを継承した例としては、小野田駅のほかに野辺地《のへじ》駅（青森県）の「駅そばパクパク」がある。居酒屋は、夕方からの営業。駅そばを朝から昼過ぎまでの営業とすれば、両立は可能なのだ。同一物件で時間帯により業態が分かれる店を、駅そばファンの間では〝二毛作店〟と呼ぶ。しかし小野田駅や野辺地駅の場合は昼営業と夜営業とで物件が別々だから、二毛作とは呼ばない。あえて農業スタイルになぞらえて呼ぶなら、耕作地と休耕地をローテーションさせる〝二圃式《にほ》〟ということになるだろうか。

個人的にはそばも扱ってほしかったという思いはあるが、山口県はそばよりうどんのほうが優勢な地域だから、これは致し方ないところ。私は、過去に徳山駅や宇部駅の駅そばでそばを注文した際に、店員から

「そば？　うどんじゃなくてそばでいいのね？」

と念を押された経験がある。それほどうどんの優位性が高く、なぜ念を押さないと出せないそばを扱い続けているのかと不思議に思ったものだ。

券売機は小型で、メニューの種類は決して多くない。これといった変わり種もなく、オーソドックスなラインナップだ。プラスチック製の容器に入った揚げ玉がカウンター上に置いてあり、好みに応じて入れられるシステム。どのメニューを選んでも、「初めて入る店ではなるべくたぬきを食べる」というこだわりを満たすことができる。当てずっぽうで、たまごうどんをいただくことにした。

茹で麺なので、調理は迅速だ。近頃の駅そばでは強いコシを得られる冷凍うどんが主流になってきているが、中国地方や九州ではあまりコシの強いうどんは好まれないため、今でも茹で麺人気が根強い。つゆは、中国地方らしく透明度の高いもので、すっきりした味わい。

生卵は、つゆを注ぐ前にのせる。卵の上からアツアツのつゆを注ぐことになるため、提供される時点ですでに白身が部分的に白く凝固している。これが、西日本に多いスタイルだ。東日本では、つゆを注いだ後に生卵を割り落とす店が多く、したがって白身は透明であることが多いのだ。つゆやネギほどはっきり東西に分かれているわけではないが、大まかな東西の違いだといえそうだ。本来の月見そばの作法は、卵が先でつゆは後。だから、西日本スタイルが正式な作法に則ったものである。

では、なぜ東日本の駅そばでは月見そばの卵を後からのせる場合が多いのか。それは、つゆが濁ってしまうのを避けるためだ。生卵をのせた後でつゆを勢いよく注ぎ入れると、凝固した卵の白身が細かくちぎれて離散する。これが、つゆの濁りを生むのだ。月見そばの正式な作法では、白身が離散しないように卵の真上から少量ずつつゆを注ぐことで、美しく凝固させる。しかし、これにはたいへんな手間暇と技術が必要になるため、駅そばで

削り節も自由に加えられる。カマボコで彩りを添え、とても華やかな見た目のたまごうどん

は再現が難しいのだ。

〝月見そば〟という東日本では疑問に思うことすらないメニュー名も、西日本ではあまり耳に馴染まない。日の出屋でも「たまごうどん」と称している。これは、つゆ色の違いによるものだろう。つゆの色が濃い関東では、かけそばに生卵をのせれば夜空に浮かぶ満月のようなルックスになる。しかし、つゆ色の薄い西日本では月夜の連想に至らない。日の出屋の生卵は黄身のオレンジ色がかなり濃いので、今まさに水平線に沈まんとする夕陽に例えたほうがしっくりくる。月見うどんではなく、これは夕陽うどん。少し格好つけて、〝黄昏うどん〟あたりでどうだろうか。

私の右隣では、買い物帰りと思しきお年寄

りが、孫と思われる学生風の女性とともにうどんを食べていた。私を含めて、客が3人。そして、店員がひとり。4人の人間がそこにいるかいないかで、駅の印象が大きく変わる。

列車がひっきりなしにやって来る大都市の駅とは異なり、地方では都市の中心駅であっても列車の運転間隔がそれなりに長い。駅ナカに店舗がなければ、駅がにぎわうのは列車の発着前後だけ。一日の大半は閑古鳥が大合唱することになってしまう。それでは、あまりにも寂しすぎるではないか。街に活気を生み出すためには、人々が集まることが重要になる。駅にしても、同じこと。駅に活気を生み出すためには、そこに店があって、常に人がいるということがとても重要なのである。

## もはや稀少種!?　そばを扱うセルフうどん店　【徳島県】佐古駅「とば作」

四国は、言わずと知れたうどん大国。そばを扱わないセルフサービスのうどん専門店が多数あり、独自の食文化を形成している。しかし、駅ナカに目を向けると、遠方からの旅客の利用も多いためか、意外とそばも扱う店が多い。むしろ、駅ナカのうどん専門店は近年減少傾向にある。香川県の栗林《りつりん》駅「雅や」、同じく香川県の本山《もとやま》駅「駅のうどんやさん」といった名店の呼び声高い店までもが姿を消し、2021年には高松駅でも駅ビル改築工事に伴いホーム付け根の「連絡船うどん」が歴史に幕を下ろした。四国の駅ナカで現在も営業を続けているのは、大半がそばも扱う店である。

ところが、街なかに目を向けると、駅ナカとは真逆とも思えるような推移をたどっている。ロシアのウクライナ侵攻が大きく影響したといわれるそば粉価格高騰のあおりを受け、ただでさえ少数派だった「そばも扱うセルフうどん店」がどんどん減っているのである。主だったチェーンで現在もそばを提供しているのは、徳島県内に店舗を展開する「とば作」と、愛媛県を主戦場とする「大介うどん」くらいだろうか。個人経営店に目を向けても、そばの扱いを終了する事例が続出している。

先に挙げたふたつのチェーンのうち、高徳線と徳島線が分岐する佐古駅のほぼ向かいにも店舗があるとば作を、駅前そばとして取り上げてみたい。とば作は創業40年を超える、県内におけるセルフうどんの草分け的存在。丼に盛られた状態で棚に並んだ麺を、客が自ら湯煎して、つゆもセルフで注ぐスタイルをとる。偶然だろうが、大介うどんもこのスタイルである。近年では、ベースメニューは口頭注文し、スタッフが湯がいてつゆまで注ぐ店が多くなっている。こちらのほうが、合理的ではある。麺の湯煎やつゆを注ぐのを客が行うスタイルだと、不慣れな客は麺の湯煎場でもたついて、後続客が長々と待たされることになるためだ。しかし個人的には、湯煎を自分好みに加減できるうえ、つゆの量も調節できるセルフ湯煎・セルフつゆ注ぎのほうが好みである。

セルフ方式のトッピングは、天ぷらやカツなどの揚げ物だけでなく、山菜やワカメなども1人前ずつ小分けされて棚に並ぶ。おにぎりやいなりといったごはんもののサイドメニューもあり、目移りしてあれもこれも食べたくなってしまう。ただ、欲張ってトッピングをのせすぎると丼全体のバランスを乱してしまうことになるので、揚げ物は1〜2品にとどめるのがよいだろう。私は、玉子天と丸天をチョイス（巻頭カラー写真参照）。

玉子天は、四国のセルフうどん店では定番のトッピングのひとつ。ゆで玉子（半熟にする店が多い）に水溶きの衣をつけて揚げたものだ。東京でも大手セルフうどんチェーンが定着したことである程度認知されるようになってきているが、駅そばではあまりお目にかかれない。半熟の場合、食べ始める前に玉子を崩すか否かで少々悩むところ。黄身がとろりと流れ出て染みわたったつゆも、これはこれで美味しいものなのだ。丸天は、九州ではさつま揚げのような魚肉練り揚げ製品を指し、駅そばでもほとんどの店で扱っている。しかし、九州以外ではあまり目にすることがない。たまに見かけても、内容が異なる場合が多い。とば作の丸天も、九州のそれとはまったくの別もので、乾燥タイプのかき揚げ天ぷらだった。店揚げの天ぷらが別途あることから、「天ぷら」や「かき揚げ」ではなくこう表記するわけだ。近年店揚げの天ぷらを提供するようになってきた関西エリアの駅そばでも、同様に表記される場合がある。ちなみに、徳島ではかき揚げを「寄せ揚げ」と呼ぶことが多い。タネを掻いて揚げるのか、寄せて揚げるのか。ボウルから掬い取って油の海へ投入する様は「かき揚げ」のイメージだが、油の海の中で形を整える様は「寄せ揚げ」のイメージになる。どちらも間違いではないと思うけれど、局地的に呼び名が異なっているのは面白いところだ。

とば作の真骨頂は、ここから。麺もつゆも、とびきり美味しいのだ。麺はそばもうどんも手打ちだそうで、そばは細うどんほどの太さがある。徳島で太麺仕立てのそばというと、平家の落人たちの間で広まったとされる祖谷《いや》そばがある。祖谷そばはつなぎを使わずに打つことが多いため、香りはよいがボソボソした食感になり、箸で持ち上げただけでプップツ切れてしまうもの。しかし、とば作のそばはしっかりつないであり、食べにくさはまったく感じなかった。それでいて、そばの香りは豊かに立ち上ってくる。

ほとんど透明といっていいほど色が薄いつゆは、旨み前面の出汁。讃岐うどんほどイリコの風味が強くなく、やや関西寄りのテイストであるように感じる。徳島県は、紀伊水道

うどんには、揚げ玉とハムカツを合わせてみた。遍路道からは外れるが、少し遠回りをしてでも食べたかった

を隔てて大阪府や和歌山県と向かい合っており、和歌山とはフェリーでも結ばれている。そのため、関西圏との文化的な結びつきが強い。関西のテレビで放映される天気予報に徳島県まで含まれる場合が多いことからも、そのことが分かる。四国であり、関西でもある徳島県なのだ。うどんつゆがやや大阪に近い味わいになるのも、さほど不思議ではないことなのかもしれない。

２０２２年には、私は歩き遍路の途中で立ち寄り、うどんをいただいている。しなやかで喉ごしのよいうどんも、上々だった。そばもうどんも美味しいとなれば、ぜひ一度合い盛りにして食べてみたいものだ。これで、富山県の高岡駅の駅そば「今庄」の名物、そばとうどんを一緒に盛りつけたチャンポンの完成だ。ただし、棚に陳列された麺はあらかじめ丼に盛られた状態になっているので、合わせるとしたら丼をふたつ取り、湯煎した後でひとつにまとめることになる。チャンポンを再現するなら、丼とは別の専用容器で麺を提供している大介うどんのほうがやりやすい。もっとも、そこまでして合い盛りにしようと考えるのは、私ぐらいかもしれないけれど。

## 駅そばがサイクリストの聖地へ【愛媛県】今治《いまばり》駅「二葉《ふたば》」

瀬戸内海を縦断する本州四国連絡橋の第3ルートとして1999年に開通した、瀬戸内しまなみ海道。有人島を多く経由するルートになっているため、ひとつひとつの橋は瀬戸大橋や明石海峡大橋より規模が小さいものの、瀬戸内特有の多島美の景観に優れ、観光客の人気を集める。インターチェンジが設けられた島々には多大なる経済効果をもたらしていることだろう。

橋梁部分には、ほかの本州四国連絡橋にはない自転車歩行者道が整備されている。これも、瀬戸内しまなみ海道の大きな特徴のひとつだ。従来、徒歩や自転車で本州・四国間を往来することは物理的に不可能であり、フェリーに頼るしかなかったのだ。2010年には二人乗りのタンデム自転車も通行できるようになり、この頃からスポーツサイクルに乗った愛好家を多く見かけるようになった。実際、沿道の島々に点在する道の駅を訪れてみると、自転車で立ち寄る人の多さに驚く。外国人サイクリストの姿も目につき、世界的に名の知れたサイクリングロードになっていることがうかがえる。

これらの道の駅は、サイクリストの間では立ち寄り必須の〝聖地〟である。大三島《おおみしま》の「多々羅《たたら》しまなみ公園」、伯方島《はかたじま》の「伯方S・Cパーク（マリンオアシスはかた）」、大島の「よしうみいきいき館」は、いずれも海峡を渡る橋の近くに位置し、絶景を望めるスポットである。橋を渡る直前または直後に立ち寄れる場所であるため、単純に休憩するためのスポットとしても最高の立地なのである。

これらのサイクリストが、瀬戸内しまなみ海道の南端に位置する今治市の市街地にまで足を踏み入れ、今治駅の駅そば「二葉」を利用するようになっている。そのきっかけは、2020年に今治駅前にサイクリングターミナルが整備されたことだった。レンタサイクルを扱うだけでなく、自転車の洗車やメンテナンスの設備があり、汗を流すシャワー室まで完備。ゆったり過ごせる交流室では、各地からやって来るサイクリストたちが自転車愛を語り合う。このターミナルができたことで、多くのサイクリストが今治駅をサイクリングの始発または終着地とするようになったのだ。

ターミナル内に食事処はないので、飲食の需要は近隣で満たすことになる。ターミナルを出て、左を向けばコンビニエンスストアがあり、右を向けば駅そばや駅弁売店を擁する今治駅がある。こうして、サイクリストたちが駅そばに集うようになったのである。

今治駅近くには、四国八十八箇所霊場の55番札所・南光坊がある。ここから56番・泰山寺へ向かう際には、今治駅のすぐ脇を通ることになる。そのため、この店はお遍路さんの利用も多い。スポーツスタイルのサイクリストと純和装のお遍路さんが一堂に会する駅そばは、全国でここだけなのではないだろうか。

駅弁事業者が営む駅そばであるだけに、メニューにも地域色が濃く表れている。宇和海名物のじゃこ天のトッピングのほか、駅弁を小分けしたごはんものも多数設定（巻頭カラー写真参照）。遠方からやって来るサイクリストやお遍路さんにとっては、愛媛県の味覚を安価で楽しめるありがたい存在だろう。

うすくち醤油をベースにすっきりした味わいに仕上げるつゆが一般的な四国のなかでは、二葉のうどんつゆは少々異質なものかもしれない。つゆ色は赤みが強く、味覚的にも甘みが前面に出ているのだ。取材したところこれは今治で伝統的に作られているうすくち

じゃこ天うどん。麺には、ほどよいコシがある。そばの扱いもあるが、うどんより割高な価格設定になっている

醤油とのことだったが、色合いも味覚もこいくち醤油と見紛う。

トッピングには、四国以外の駅ではなかなか食べられないじゃこ天をチョイス。じゃこ天は食べやすく半分にカットされている。そしてじゃこ天の上に小口ネギをのせ、上品な見た目に仕上げている。青魚の風味が強く、時折骨や皮がジャリッと歯に触る食感。これはほかの地域の魚肉練り揚げ製品にはない個性だ。風味が強いだけに、つゆに浮かべておくだけで出汁が出る。だから、食べ始めと食べ終わりとではつゆの風味が少し変化している。一杯の駅そばに起承転結のストーリーを生み出す、最高のトッピングだ。

サイクリスト、お遍路さん、そして地元の

サラリーマンや学生。客層の幅がとても広く個性的なので、立ち寄るたびに「今日はどんな人が食べに来ているかな」と想像する楽しさもある。狭い空間で多くの人が肩を寄せ合って食べる駅そばの楽しみは、味覚だけではないのである。

## 時を経て、待望の駅ナカ復活【福岡県】折尾《おりお》駅「東筑軒《とうちくけん》」

北九州市の西の端に位置する鉄道の要衝、折尾駅。鹿児島本線と筑豊《ちくほう》本線が交差する駅だが、かつては駅構造がかなり複雑であり、不慣れな旅行者などは乗り換える際に戸惑うことが多かった。鹿児島本線と筑豊本線を相互に直通する列車は短絡線を通り、この短絡線上にホームが設けられていた。メインの駅舎から短絡線のホームまでは150メートルほど離れていたこともあり、短絡線側に専用駅舎や専用出入口（鷹見口）が設けられていた。つまり、短絡線を通る列車とそのほかの列車を相互に乗り換える場合には、JR同士の乗り換えなのに一度改札を出る必要があったのだ。

この不便さは、2022年に完了した線路高架化工事により解消された。短絡線ホームは鹿児島本線や筑豊本線と同じ改札内に移され、すべてのホームがひとつのコンコースでつながった。改札を出入りすることなく乗り換えられるようになったのである。

駅舎（右）と、鹿児島本線のホーム（左）。駅舎右手には筑豊本線（若松方面）の高架ホームがあり、駅舎は分岐点の谷間部分に建つ

前述したように、高架化されると駅そばは消滅する傾向がある。折尾駅でも、鹿児島本線のホームで営業していた「東筑軒」が工事を機に閉店。東筑軒といえば、駅弁「かしわめし」のホーム上での立ち売りが有名な事業者。駅そばでも、すべてのメニューにかしわ（鶏肉）をトッピングし、名物駅弁の矜持が感じられた。

工事期間中に西口駅前の本社売店でそば・うどんの提供が始まったことから、私はもはや駅ナカでの復活は厳しいだろうと諦めていた。しかし、工事完了目前の2021年に、改札内コンコースに場所を移して復活を果たしたのである。加えて、改札外の高架ホーム下に開設されたショッピングモール「えきマチ1丁目折尾」の一部店舗が改札内側にも販売窓口を設けている。新駅舎は、駅舎ファンの間で人気の的となっていた旧駅舎を可能な限り再現したデザイン。古き良きレトロ風情と交通の利便性、そして構内店舗の充実という3つの要素がバランスよく満たされた駅に生まれ変わったのだ。多くの鉄道ファンが称賛する高架化事業だったのではないだろうか。今後、各地で高架化工事を行う際には、ぜひ折尾駅のケースを参考にしてほしいものである。

コンコースに復活した駅そばには、タッチパネル式の券売機が導入されていた。折尾駅だけでなく周辺の主要駅にも店舗がある、東筑軒の駅そば。そのどの店舗でも、タッチパネル式の券売機は見たことがない。小型の店舗が多く券売機のイメージすらあまりない（券売機自体は、以前から導入されていた店舗もある）ミニチェーンなのだが、これが時代の流れというものか。丸天と並んで九州らしいメニューである、ごぼ天そばを食べてみよう。〝ごぼう天〟ではなく〝ごぼ天〟。九州では、これが常識。表記上は「ごぼう天」でも、店員同士のかけ合いは「ごぼ天」となる場合が多い。

ごぼう天のトッピング自体は首都圏でもそれなりに出合えるもの。しかし、九州のごぼ天は首都圏のそれとは形が違う。首都圏では、細切りにしてかき揚げ状に仕立てるのが一般的。ニンジンやタマネギなどと合わせる場合も少なくない。これに対して、九州のごぼ天は単独揚げ。形状は、斜めスライスか縦切りである場合が多いが、なかには丸太状のまま、皮すら剥かずに揚げる店もある。当然、首都圏のごぼう天より食感も風味も強い。サイズが大きいことで有名なのは、西鉄福岡（天神）駅の「博多やりうどん」。丸太状のまま長さ32センチメートルにカットして揚げる。当然、丼の口径より長く、丼の上に橋を渡すような形での提供となる。

東筑軒のごぼ天は、縦切りだ。縦切りのごぼう天は繊維を短く寸断しないため、食感が強く残る。しっかり噛みしめて食べたい人に好まれる。甘辛く炊いたかしわの旨みや甘みが染みわたったつゆとの相性はもちろんよく、麺に代わって主役の座をうかがわんとするように感じるほど主張が強い。これがスライスのごぼう天だと、繊維を細かく寸断することになるため食感がソフトになり、存在感は弱まる反面、麺との調和性が高まる。皮つきの丸太状の場合は食感も香りも最大級に強くなるので、完全にごぼう天が主役となる。どれがベストということはないだろうけれど、人によって好みは分かれそうだ。私が好きなのは皮つきの丸太状だが、それは食べる機会がさほど多くないからそう思うだけかもしれない。仮に私が九州に移り住んで毎日食べるようになったとしたら、縦切りや斜めスライ

ごぼ天そば。麺は冷凍麺に変わり、茹で麺時代に比べて歯ごたえが増している

スに親しみを覚えるようになりそうな気がする。

なお、この店舗では、「かしわめし」をはじめとした駅弁の販売も行っている。しかし、折尾駅で駅弁を買うなら、やっぱりホームでの立ち売りを利用したい。ホームが高架化された後も駅弁の立ち売りは継続されており、今や平日を含めて定期的に立ち売りが行われるのは全国で折尾駅だけだという。

駅そば、駅弁立ち売り、そしてレトロムードの駅舎。ホームが高架化されても、これらが失われることはなかった。全国でも極めて珍しいケースだ。今後も、鉄道大時代を象徴する文化の〝生き証人〟として、多くの鉄道ファンを惹きつけていくことだろう。

## 改札外でも、気分はホームの駅そば　【佐賀県】新鳥栖《しんとす》駅「中央軒」

全国的に減少傾向である、ホームの駅そば。しかし、九州新幹線の開業に合わせて、新鳥栖駅には新たにホームの駅そば「中央軒」（巻頭カラー写真参照）がオープンしている。開業は、２０１１年。10年以上前の話ではあるのだが、ホームに新店が設置されたことは衝撃的で、いまだに当時の感激は色褪せない。

新幹線と在来線の接続駅では、改札内外それぞれに需要が発生する。新幹線と在来線を乗り継ぐ人と、送迎がしやすい新幹線駅で迎えの車やタクシーなどを利用する人がいるためだ。だから、駅そばも改札内外にまたがる形で設置されると利用しやすい。新鳥栖駅の中央軒もこのパターン。全国に目を向けると、郡山駅や熊本駅などの例もある。かつては新下関駅の駅そばも改札内外両側から利用できたが、その後改札内の窓口は閉鎖されてしまった。

新鳥栖駅の中央軒は、改札内側は在来線ホームに面しており、長い立ち食い席を擁する。これに対して、改札外側は極端に狭い造り。３人程度で満席となる。先に紹介した塩尻駅

「そば処 桔梗」ほどではないにせよ、全国屈指の狭さだ。新幹線だけ利用する人々の需要を考慮して、どうにか設けた客席なのだろう。

この改札外の立ち食い席は、一部が厨房に面しておらず、カウンターの向こう側はホーム側の客席という造りになっている。つまり、ホーム側と改札外側の客が向かい合ってそばをすする形になる。これはたいへん珍しい造りである。改札外側で食べていても目の前にホームが広がることになり、発着する列車を間近に眺められる。まるでホームの島式店舗で食べているかのような気分になれるのだ。いっぽう、ホーム側で食べると線路に背を向ける形になるので、発着する列車は振り返らないと眺められない。食べながら鉄道風景を楽しむなら、改札外側からの利用がオススメだ。

中央軒の駅そばといえば、毎年夏から秋にかけて季節限定で発売されるあすぱら天そばが名物。県内産のグリーンアスパラガスをひと口大にカットし、かき揚げスタイルの天ぷらに仕立てる。佐賀県は、全国屈指のアスパラガスの産地であり、これは立派なご当地駅そばなのだ。アスパラガスは皮を剥かずに使っているため繊維質の食感を強く残している。同時に、太陽の光をめいっぱい浴びる様子がありありと分かるほど香りが強い。かき揚げではなく一本揚げで食べてみたいと感じるのだが、それは難しいだろうか。

天ぷらは小さめだが、具材感は秀逸で確かな満足感を得られるあすぱら天そば

昔ながらの茹で麺に、みりんの甘みが深い味わいを演出するつゆ。折尾駅の「東筑軒」と同様にすべてのメニューにかしわを添えるため、旨みも強い。中央軒と折尾駅の東筑軒はどちらも駅弁事業者の歴史ある駅そばで、かしわのトッピングという共通点もあるため、味覚的な方向性が近い。しかし、続けて食べると結構違いが分かるものだ。麺の歯ごたえが強いのが東筑軒で、つゆによく馴染むやわらかい麺が中央軒。つゆの甘みが前面にあるのが東筑軒で、甘みがコクを生み出しているのが中央軒。トッピングの仕様もだいぶ違う。ちなみに中央軒の丸天は、いびつな形をした手作り感のあるもの。〝丸くない丸天〟も、ぜひ

一度お試しあれ。

あすぱら天そばは濃厚な旨みと濃厚な香りの競演で、口の中では最初から最後まで両者がぶつかり合う交響曲が奏でられた。いやがうえにも、旅情が高まってくるではないか。目の前には、在来線の改札。振り返れば、新幹線の改札。さて、私はどちらに入ろうか。自由気ままな鉄道旅は、いよいよ盛り上がりが最高潮に達するのであった。

## たびたびのリニューアルを、ものともせず 【宮崎県】宮崎駅「三角茶屋 豊吉《とよきち》うどん」

本章の最後に紹介するのは、駅員がアロハシャツを着ていることでも知られるJR宮崎駅。当駅は1993年にホームが高架化され、改札外の高架下に駅ナカモール「宮崎フレスタ」が開設された。国鉄分割民営化以後、全国の主要駅で駅ナカ開発が進み、カタカナ名の駅ナカモールが次々にオープンしていった。宮崎駅も例にもれずというわけだ。

当時、まだ宮崎駅のホーム上には駅弁事業者の島式駅そばが残っていたのだが、次第に宮崎フレスタに客が流れていく。いっぽうでは、ダイヤ改正により列車の停車時間がどんどん短くなり、列車を乗り換える人々から駅そばに寄る時間が奪われていった。また、この当時宮崎駅は上下線で改札口が別々になっていたため、反対側のホームまで行って食べるということもできなかった。これらの影響により、ホームの駅そばは2000年代半ば頃に閉店してしまった。駅弁売店はその後フレスタ内へ移転して営業を続けているが、宮崎フレスタには「三角茶屋 豊吉《とよきち》うどん」が入っていたこともあり、駅弁事業者の駅そば復活はならなかった。

三角茶屋 豊吉うどんは、宮崎市内でミニチェーンを展開する、簡易的なうどん店。1932年創業の老舗で、自家製のやさしい食感の麺とイリコ・昆布・カツオをバランスよく配合した出汁で、宮崎の人々のお腹と心を満たしてきた。駅ナカへの出店は、宮崎フレスタのJR宮崎店が初めてである。

宮崎フレスタはその後いったん「えきマチ1丁目宮崎」に名を変え、さらに2020年には大規模なリニューアルが入って「アミュプラザみやざき」内の「ひむか きらめき市場」に生まれ変わっている。こういったリニューアルのタイミングで駅そばが姿を消してしまうケースはよくあるので、私はハラハラしながら推移を見守っていた。

しかし、それは杞憂だった。モールのリニューアルに合わせて店舗を改装。壁の一部を抜いて出口専用の間口とし、混雑時の客の動線がスムーズになった。店内に入ってすぐの場所に受渡口があるものだから、ここに行列ができていると食べ終えて店を出るのがひと

出入りがスムーズになっただけでなく、開放的な雰囲気で入りやすくなったと感じる人も多そうだ

苦労だったのだ。だから当時は、受渡口に人だかりができているときは駅舎外側の開き戸から出ることが多かった。ちなみにこの開き戸はリニューアルと同時に閉鎖され、従業員通用口となっている。ともかく、2度の駅ナカモールのリニューアルも無事に乗り越え、より利用しやすい駅そばとなって我々を迎えてくれたのである。実に頼もしい店である。

店の一番人気は、「天かうどん」である。まずは、これをいただいてみよう。

〞天か〟とは、天ぷらと天かす（揚げ玉）を指す。ただし、〞天ぷら〟はさつま揚げのような魚肉練り揚げ製品を指す。形状が四角形（短冊形に切ってある）なので、福岡などで一般的な丸天とも違う。ちなみに、東京の駅そばで一般的に天ぷらと呼ばれる野菜かき揚げをのせたそばは、三角茶屋豊吉うどんでは「野菜そば」となっている。海老天をのせたそばは「えびそば」だ。水溶きの衣をつけて揚げたトッピングのメニューに対して一切「天」の文字を入れていない。余所の地方からやって来る人には馴染みのない呼称だからなのか、お品書きには注釈が加えてある。注釈を加えてもメニュー名は決して変えないところに、信念を感じる。

考えてみれば、「天ぷら」ほど地域ごとに概念が異なる駅そばのトッピングは、ほかにないかもしれない。関東では野菜かき揚げだが、関西では具材がほとんど入っていない乾燥天ぷらを指す場合が多い。関西で具だくさんの野菜かき揚げは、そのまま「かき揚げ」と表記される。したがって、「かき揚げ」と「天ぷら」が両方ラインナップされていることも珍しくない。紛らわしさ回避のためなのか、乾燥天ぷらを「丸天」と表記する店も見かけるようになっているが、これはこれで九州の丸天と紛らわしくなってしまう。

四国では、先に紹介したじゃこ天を指す。駅そばでは誤解を招かぬよう「じゃこ天そば」などと表記されるのが一般的であるが、愛媛県出身の私の母や祖母は、日常的にじゃこ天を「天ぷら」と呼んでいた。そして南九州では、福岡の丸天に似た魚肉練り揚げ製品。このほかに、大阪の河内《かわち》地方などでは、街なかの手打ちそば店のように海老天を指す場合も

天かうどん。揚げ玉は色白で旨味が強いタイプ。粒が細かいので、麺に絡めて食べるのに向く

ある。こういう事情が分かってくると、不慣れな地域や初めて入る店では写真入りのお品書きが欲しくなる。

天かす（揚げ玉）を「か」と1文字にまで省略しているのも面白い。これは三角茶屋 豊吉うどんが面白半分でそう呼んでいるだけなのではないかと思って市内の別のうどん店を覗いてみると、やっぱり同じように「天か」。宮崎では、天ぷらは魚肉練り揚げ製品で、天かすは「か」と省略されるのだ。立派に、宮崎のご当地性なのである。

魚肉練り揚げ製品なのだから、味覚的には福岡などで供される丸天そばに近い。ただし、平均的な丸天よりいくぶん歯ごたえが強いので、使う魚の種類が異なるようだ。もっとも、それは駅そばの個性というよりはメーカーの個性なのかもしれないが。

麺は、とてもやわらかい。九州では、讃岐のようなコシの強いうどんは好まれない。古くから営業している店では、大きな釜でじっくり茹でて芯まで柔らかく仕上げることが多いのだ。私はもう少し芯を残してもいいかなと思ったけれど、店員に聞いてみると「いやいや、もっとやわらかくしてくれとおっしゃるお客さんが多いんですよ。もう10分くらい茹でてくれとおっしゃる方もいます」と話していた。自社工場で茹で、店舗では湯煎するだけで提供できる麺。それをさらに10分茹でたら台湾料理の「麺線」のようにどろどろに溶けてしまうのではないだろうか。

うどんがメインの店だが、そばの扱いもある。そばもいただいてみよう。今度は、絶対に「天」の文字を付さない「ごぼうそば」だ（巻頭カラー写真参照）。

実は私がこの店でそばを食べるのは、今回が初めてではない。2008年に宮崎を訪れ、ホームの駅そばが跡形もなくなっているのを見て愕然とした後、改札を出てみたら偶然この店を見つけて、「天ぷら（魚のすり身）そば」を食べている。味覚的には当時と変わっていなかった。少しモソッとした食感が特徴的な太麺は茹でそばなのに意外とそばの香りがしっかりあり、出汁とのマッチングもよい。九州にしてはやや赤みが強いつゆには、出汁の香りのほかに醤油の香ばしさや甘みもあり、うどんにもそばにもよく合う。そしてごぼう（ごぼう天）は、まるで先に展開した「九州のごぼう天は単独揚げ」という私の持論を覆すかのように、ニンジンと合わせたかき揚げスタイルだった。こういうことがままあるから、駅そば研究は終わりが見えない。

同じ九州でも、福岡と宮崎を同じ物差しで測ってはいけない。九州はこう、西日本はこう、といった比較研究だけでは全体像は見えてこないのが駅そばの世界。大きな物差しで測ったら、次はもう少し小さな物差しを使い、またさらに小さな物差しで……と、追究は果てなく続く。だからこそ、私はライフワークとして駅そば研究を選んでよかったと思っている。ゴールが見えてくると、途端にモチベーションが下がってしまう。どうやら私は、そういうタイプの人間のようである。

## ［駅そばコラム①］駅そばを彩るご当地変わり麺
### 【埼玉県】所沢駅「狭山そば」
### 【神奈川県】横浜駅「えきめんや」
### 【広島県】広島駅「驛麺家」

駅そばの主力メニューは、当然そば・うどんである。そば専門店やうどん専門店もあるし、姫路駅の名物「えきそば」のように中華麺を合わせることもある。

しかし、これらのいずれでもない特殊な仕様の麺を扱う店もある。ここでは、駅そばで食べられる特殊麺を３つ紹介してみよう。

まずは、西武新宿線と池袋線が交差する西武鉄道の要衝、所沢駅。当駅には古くからホーム上に吹きさらし店舗の「狭山そば」があり、おおいににぎわっていた。混雑時には、店に群がる客と列車の乗降者が交錯して通行に支障が生じたほど。さすがに危険と判断されたのか、２０１３年に建物の中で食べるスタイルの店舗にリニューアルされた。かつての風情は失われたものの、店内には昔の写真がたくさん展示されており、ノスタルジーに浸ることができる。

この店の名物のひとつが、毎年夏季に発売される茶そばだ。狭山は、関東屈指の茶葉の産地。茶葉を練り込んだ緑色の麺は、小麦の甘みをかいくぐるようにして茶葉の香りとほろ苦さが広がり、一般的なそばやうどんにはない味わいを発揮する。つゆにつけると茶葉の香りが上書きされてしまうので、つけるとしても〝下半分〟とするのがオススメだ。ワサビも、使わないことをオススメしたい。

京急沿線に展開する駅そばチェーンの「えきめんや」では、京急横浜駅の改札内にある横浜店限定で海藻のカジメを練り込んだ特殊麺「かじめん」を提供している。えきめんやは、もともと複数の事業者が同一の店名で駅そばを運営していたため、店舗によってメニューが異なっていた。２０１６年に統一されたものの、一部のオリジナルメニューは店舗限定で存続された。その名残で、横浜店限定のメニューとなっているのである。

所沢駅「狭山そば」の茶そば。ざるそばタイプのみで、温そばには対応していない

横浜駅「えきめんや」のかじめん。トッピングは、メカブ、オクラ、温泉玉子

広島駅「驛麺家」のがんばれカープ 赤うどん。カマボコにもカープのロゴが入っている

狭山そばの茶そばと同様に緑色をした麺だが、こちらは少し透明感がある。海藻に特有の磯の香りもあるが、それよりもツルツルした舌触りや喉ごしに大きな特徴を感じる。冷たいつゆとの相性がとくによいので、冷やしで食べるのがオススメ。

最後に紹介するのは、JR広島駅。広島駅といえば、プロ野球の広島東洋カープの本拠地であるMAZDA Zoom-Zoom スタジアム広島の最寄り駅だ。改札外で営業する駅そば「驛麺家」にも、カープを応援するメニューが設定されている。それが、カープのイメージカラーである赤色の麺に仕立てたうどん「がんばれカープ 赤うどん」だ。着色は紅麹によるもので、味覚面には大きな影響力をもたないので、食べてみての印象としては普通に美味しいうどんである。これに、広島名物でもある小判型の大きな乾燥天ぷら（通称「わらじ天」）をのせ、ゆで玉子を添える。そしてたっぷりの青ネギは、野球場の芝生をイメージしているとのこと。

いずれも視覚への訴求力が強いメニューなので、話題性充分。箸をつける前に、カメラの準備をお忘れなく。

## ［駅そばコラム②］主役をうかがう駅そばのカレー

【東京都】秋葉原駅「新田毎《しんたごと》」
【愛知県】名古屋駅「よもだそば」
【富山県】立山駅「アルペン」

そば屋のカレーは、美味い。これは、そば好きとカレー好きの共通認識なのではないだろうか。そば屋が提供するカレーにはそば屋の神髄である出汁が配合されているため、味わいに深みとまろやかさが生まれ、美味しくなるのだ。駅そばでは、外部から大量一括仕入れをした特徴のないカレーで済ませる場合が多いが、売れ筋であるだけにカレーにこだわる店もある。ここでは、カレーが個性的で美味いと評判の店を3軒取り上げてみよう。

まずは、東京のJR秋葉原駅。総武線の下りホームから山手線ホームへ続くコンコースの入口にある「新田毎」である。この店を運営するのはカレー専門店の出店経験がある事業者であるだけに、カレーが美味いと評判だ。なかでも圧巻なのは、店内の鉄板で焼いたステーキをのせたステーキカレー。ミディアムレアの牛肉の旨みが、少しスパイスを強めた家庭風カレーに絶大なるインパクトを加える。視覚的にも圧倒的なインパクトを残す、名作と呼ぶにふさわしいカレーだ。店内でステーキを焼く駅そばは、全国でもここだけなのではないだろうか。

本編にも登場した名古屋駅「よもだそば」も、カレーが美味いことで有名である。家庭風のどろっとしたカレーではなく、シャバシャバの本格的なインドカレーである。スパイシーでありながらフルーティーな甘みもあり、もちろん出汁の香りも垣間見える。女性ファンがとくに多い印象で、「よもだカレー」だけを注文する若い女性をよく見かける。現代の駅そばの課題でもある若い女性の取り込みに成功した例ともいえるのではないだろうか。

最後は、立山黒部アルペンルートの西側の玄関口として、富山地方鉄道と立山ケーブルカーが接続する立山駅だ。登山者向けの用具レンタル店や無料休憩所を兼ねて営業する駅そば「アルペン」。店

JR秋葉原駅「新田毎」のステーキカレー。ステーキはブラックペッパーを利かせた本格的な味わい

名古屋駅「よもだそば」のよもだカレー。骨付きチキンが1本まるごと入っている

立山駅「アルペン」のチキンカレー。飽きのこない味わいで、汎用性と個性を兼ね備えた力作

主はかつてネパールカレーの専門店を営んでいただけに、カレーにはこだわりがある。じっくり煮込まれた黒みの強いカレーは、ベースはまろやかな家庭風でありながら、ネパールカレーを彷彿とさせるスパイス感も内包している。両者のバランスがよいので、家庭風カレーが好きな人にもネパールカレーが好きな人にも愛される。

オリジナリティーあふれる自家製カレーを提供する駅そばは、少数派ではあるが探せばまだまだある。「出汁が入っているから美味い」だけでは語り尽くせない駅そばのカレーを、とくとご賞味あれ。

# 第2章

## BTそばの世界

### 郷愁を誘うバスターミナルのそば

## BTそばなのに、店名は〝駅そば〟【青森県】十和田《とわだ》市中央停留所「とうてつ駅そば」

バスターミナルは、自動車ターミナル法により「乗合バスの旅客の乗降のため、乗合バス車両を同時に2両以上停留させることを目的とした施設で、道路の路面や駅前広場など一般交通の用に供する場所以外の場所に同停留施設を持つもの」と定義されている。したがって、どんなに大きな建物を有していようと、バス車両が一般道に停車する構造であれば、法律上バスターミナルとはみなされない。

しかし、一般道に停留所があり、そのすぐそばに乗車券発売窓口や待合室を備えた建物があるケースも、広く一般的にはバスターミナルと類似するものとして認識されるだろう。したがって、そこに簡易的なそば店が入居していれば、本書でもBTそばとみなすことにする。本書におけるバスターミナルの定義は、「バスの停留所」だと考えていただければ幸いである。

あえてここでバスターミナルの定義の幅を少し広げたのは、是が非でも本書で紹介したかった店のひとつが、法律上バスターミナルとはみなされない場所で営業しているからである。青森県十和田市は、鉄道駅がない地方都市である。東北新幹線の七戸十和田《しちのへ》駅は、隣の七戸町にある。また、かつては旧東北本線（現・青い森鉄道）の三沢《みさわ》駅から十和田市

「とうてつ駅そば」十和田中央店。建物の側面に、大きく「駅そば」と記載。鉄道時代からのファンも多い

内まで十和田観光電鉄線が走っていたが、2012年に廃止されている。

十和田観光電鉄線が走っていた頃には、三沢駅と十和田市駅で駅そば「とうてつ駅そば」が営業していた。路線が廃止されてしまったのだから、これらの駅そばも消える運命かと私はなかば諦めていたが、なんと双方とも現在も営業を続けている。

十和田観光電鉄の三沢駅舎は、路線廃止後も解体されることなく路線バスの乗車券売場兼待合室として存続したため、駅構内のとうてつ駅そばも残った。ただし、鉄道からバスへ転換されているため、この時点で駅そばからBTそばに転換されたことになる。その後、2022年に青い森鉄道の三沢駅が橋上駅舎に建て替えられ、バスの乗車券売場や案内所、そしてとうてつ駅そばも駅舎内に組み込まれることとなった。そして、十和田観光電鉄の旧駅舎は解体。つまり、三沢駅のとうてつ駅そばは、駅そばから一度BTそばになり、その後再び駅そばに返り咲いたのである。

いっぽう、十和田市駅のとうてつ駅そばは、ほかの鉄道路線との接続がない駅だったため、完全なるBTそばとなる。その後駅ビル解体に伴い、市街の中心に位置する十和田観光電鉄本社屋へ移転して現在まで営業を続けている。本社屋の目の前には十和田市中央停留所があり、本社屋内に乗車券の発売窓口もある。建物の外には、待合所も完備。ただし、バス車両は一般道に設けられた停留所に停車する。法律上、本社屋はバスターミナルとはみなされないけれど、ここで営業するとうてつ駅そばはBTそばとみなす。

私は、鉄道廃止前の2006年に、十和田市駅で天ぷらそばを食べたことがある。だから、BTそばに変わってからどのような変化が生じているか、とても楽しみだった。

もっとも大きく変わったと感じたのは、客数だった。2006年当時より段違いに増えたようだ。昼過ぎの訪問だったこともあるだろうが、30席以上ありそうな客席は8割がた埋まっており、さらに券売機と受渡口にそれぞれ行列ができていた。客の回転が速いから満席になることはないが、できあがったそばを持って、人込みをかき分けて空席までたど

スペシャルそば。客席まで運ぶ間に、天ぷらはつゆにほぐれてしまう。しかし、ほぐれてもたぬきそばの感覚で美味しく食べられる

り着くのにひと苦労。そこまで人々から厚く支持される店に成長していたとは、思いもよらなかった。なんだか感極まってしまい、奮発してスペシャルそばの食券を購入した。

　スペシャルそばのトッピングは、天ぷら、山菜、生卵。天ぷらは、ほとんど具材が入っていない乾燥天ぷらだ。これは、2006年当時と変わらぬ仕様である。具材の入っていない天ぷらに魅力を感じない人もいるかもしれないが、初めて入る店ではなるべくたぬきそばを食べることにしている私にとっては、とても馴染みやすいトッピングである。具材として美味しいのではなく、丼全体に一体感をもたらす存在として美味しいのだ。少しぬめりを伴う麺といい、東北地方にしてはやや色が薄いつゆといい、味覚的には何ひとつ変わっていない印象だ。変わることなくそこにあり続けているからこそ、これだけ多くのファンに愛され続けているのかもしれない。

とうてつ駅そばは、市街地の中心から少し外れた場所にあった旧十和田市駅から、市街のど真ん中に移転してきた。バスの乗客だけでなく、周辺で暮らす人々が日常的に食べに来ていることは一目瞭然だ。加えて本社屋には、来客用の駐車場も完備している。だから、車でわざわざ食べにやって来る人も少なくない。

BTそばなのに、店名は〝駅そば〟。齟齬《そご》を含みつつも決して店名を変えないところも、とうてつ駅そばが変わることなく受け継がれてきたことの証左になっているように思う。今後も、〝変わらない〟という伝家の宝刀を引っ提げて、地域住民たちの食欲を満たしてくれるだろう。私が将来再び訪れるときにまだ変わらぬ味を提供していたなら、今回はどうにかこらえた涙を、今度こそ抑えきれなくなってしまいそうである。

## BTそばは、観光地のターミナルにも

### 【山形県】川の駅・最上峡《もがみきょう》くさなぎ停留所「ターミナルキッチンくさなぎ」

五月雨を あつめて早し 最上川

松尾芭蕉の世界観を風情たっぷりの川下りとともに楽しめる、最上峡。鉄道駅から少々離れているため、公共交通機関でアクセスする場合には路線バスかタクシーを利用することになる。

最上峡に限らず、観光地、とりわけ景勝地は、鉄道だけではアクセスできず路線バスでのアクセスとなる場合が多い。鉄道を通すためには線路を敷く必要があるし、駅も設けなければならない。急峻な地形に線路を通すことは困難だし、鉄道駅であらゆる観光地を網羅するためには夥しい数の駅が必要になってしまう。その点、道路を通せるところであれば路線バスは運行できる。停留所の間隔も、鉄道の駅間よりだいぶ短く設定することができる。そのため、景勝地へのアクセスは、小回りが利くバスに依存する場合が多いのだ。

景勝地を訪れるのは主に観光客なので、停留所にも観光客向けの土産物店や飲食店などの需要が発生する。観光地、停留所、土産物店、飲食店。この4つがすべて揃った停留所が整備されれば、観光客にとってはこの上なくありがたい施設になるだろう。

「川の駅・最上峡くさなぎ停留所」が、その好例である。停留所がある場所は、「最上川舟下り」の終着点でもある。川下りを終えた観光客たちは、併設された建物内の土産物店内や飲食店の脇を通り抜けて、バス乗り場へ向かっていく。運転ダイヤも巧く組まれていて、川下りを終えてひとしきりショッピングや軽い食事ができる時間をおいてから路線バスがやって来る。商売上手といってしまえばそれまでだが、観光客にとってもありがたいことだから、これは両者Ｗｉｎ-Ｗｉｎの関係を築くための工夫だといえるだろう。なお、当停留所は複数のバス車両が同時に停車できる施設ではないため、先に紹介した十和田市中央停留所と同様に法律上のバスターミナルには含まれない。しかし、本書内ではＢＴそばの立地成立要件を広く「バスの停留所」としているので、当停留所も対象に含めさせていただく。

食事処「ターミナルキッチンくさなぎ」は、そば・うどんを主力とするメニュー構成で、テーブル席がメインではあるが立ち食い席も擁している。建物の脇は広い駐車場になっているので、食事目的で立ち寄るドライバーも多そうだ。目の前を走るのは、山形県の沿岸部と内陸部を結ぶ幹線道路の国道47号線。立ち食い席は、時間に追われたトラックドライバーの人気を集めているのではないだろうか。

山形といえば、鶏肉を使った肉そばが定番。郷土そばとしての肉そばは冷製に仕立てるものだが、ここは郷土そば店ではなく簡易的なＢＴそば。客の好みに応じて、温冷どちらにも対応している。私は温かい鶏そばをいただこう。

ラーメンや丼ものも扱う店。そばメニューには、お新香が付く。写真は鶏そば

ひと口大にカットしたモモ肉をのせた、旨みたっぷりの鶏そば。つゆの表面に鶏の脂が浮き、蛍光灯の光を反射してキラキラと輝く。肉そのものを食べて美味しいのはもちろん、強烈な旨みとまろやかさを加えることでつゆを美味しくするための肉でもある。そして、脂の膜がつゆの表面を覆うことで冷めにくくなるので、とくに寒い冬場に恋しくなりそうな一杯だった。かじかんだ両手で丼を包み込むようなシチュエーションで食べれば、天にも昇るような気分に浸れるのではないだろうか。料理が美味しいと感じるかどうかは、その料理の味だけでなく、シチュエーションも重要なのだ。名店と謳《うた》われるレストランで食べても、店主の態度が不遜《ふそん》であったなら美

味しいとは思えなくなる。いっぽう、簡易的な店でも寒い冬場に温かい料理を食べれば、たいていのものは美味しく感じるものである。

観光地に直結したBTそば。駅そばの世界では、かつて黒部峡谷《くろべきょうこく》鉄道の鐘釣《かねつり》駅や欅平《けやきだいら》駅（富山県）にあった「峡谷そば」が性格的に近いだろうか（宇奈月駅にもあったが、市街地に立地し、イメージが違っていた）。両者の決定的な違いは、列車を利用する観光客しか寄れない店か、通りがかりの車でも寄れる店かではないだろうか。鉄道よりバスのほうが小回りも利くことだし、観光地一体型ターミナルは鉄道よりバスに分がありそうだ。

## カレーが評判の、日本一有名なBTそば　【新潟県】万代《ばんだい》シテイバスセンター「万代そば」

新潟駅から徒歩10分ほどの万代シテイバスセンターに店を構える、「万代そば」。そば・うどんだけでなくカレーもたいへん人気が高い店である。真っ黄色なカレーが安心感のある味わいで美味いと評判を集め、遂には「バスセンターのカレー」としてレトルト商品まで発売。県内各地のサービスエリアや道の駅などでもその名を目にするようになった。今や、日本一有名なBTそばといっても過言ではないだろう。BTそばで章を立てるのなら、ここを取り上げないわけにはいかない。

第１章で触れたように、新潟駅の駅そばは、ホーム高架化に伴う駅舎改築ですべて閉店し、工事完了後に復活できたのは「やなぎ庵」だけだった。「新潟庵」や「さぢみ」も独特な風情があってよい店だったのだが、もはや新潟駅にはレトロムードはなくなってしまった。リニューアルすることが悪いとは言わない。しかし、古くても良いものは残すという考え方も必要なのではないだろうか。新しく、広く、明るくなっても、どこか無機質で満たされないように感じるのは、残すべきものが残らなかったからではないかと思う。新潟駅のリニューアルは、折尾駅（福岡県）のそれとは決定的に違うと思う。

その点、万代シテイバスセンターは１９７３年のオープン以来大きく姿を変えることなく現在に至っており、１階のバス乗り場脇で営業する万代そばもレトロな情緒に富む。近年床や一部の客席がリニューアルされたようだが、店構えなどは昭和の面影を残す。とても客数が多い店なので、訪れるたびに立ち食い席が増設されているように感じる。朝から夕方まで、この場所に人だかりが絶えることはない。近年では各種メディアにも頻繁に取り上げられており、遠方からわざわざ食べにやって来る人も増えた。コロナ禍に入って混雑は少し緩和されたものの、今は以前のように地元住民などが日常的に利用し、活況を呈している。

見た目は駅そばとほぼ変わらない。提供口での立ち食いは不可。フロアに出された席を利用しよう

本書はカレーよりそばをメインに考察するので、まずは野菜天そばからいただこう。調理は迅速で、厨房内をじっくり観察する時間もなくできあがる。厨房が比較的広いこともあって店員が動きやすいから、スムーズに調理が進むのだ。野菜かき揚げの上に、薬味の白ネギ。そして一番上に、刻み海苔。天ぷらそばに刻み海苔をのせる店は、やや珍しいだろうか。白ネギも刻み海苔も量が多く、メイントッピングであるはずのかき揚げをすっかり覆い隠してしまうほどだ。

この店のそばは、ひとことでいうと飽きのこない味。ひと口食べて「うひゃー、これは美味い！」と驚愕するようなものではなく、食べ進めるうちにじんわりと美味しさが伝わってきて、ちょうど食べ終わる頃に満足感が込み上げてくる。昔ながらの茹で麺に、一方向には突き抜けずバランス感のよいつゆ。そして、意外に具だくさんのかき揚げ。乾燥天ぷらではなく、店内で揚げたかき揚げだ。東京で暮らす私は毎日食べに来るわけではないから、もう少しインパクトがあってもいいかなとも思うけれど、常連客にとってはこれが最高の味なのかもしれない。

続いて、カレーライスだ（巻頭カラー写真参照）。カレーには麺を湯煎する工程がなく、平皿にご飯とルーを盛り、福神漬けを添えるだけで提供できる。だから、そばにも増して迅速提供だ。炒った小麦粉のザラッとした舌触りが感じられる、粘性の強い家庭風カレー。しばしば「黄色いカレー」と言われる通り、平均的なカレーより黄色味が強い。具材は、タマネギ、ニンジン、豚肉。関東風のポークカレーだ。私が日常的によく食べている立ち食いそばチェーン「ゆで太郎」のカレーに比較的近い味わいで、とても馴染みやすい。スパイス感もそれなりにあるけれど、それ以上に和風出汁のまろやかさが際立っている。タマネギはルーに溶けることなく原形をとどめているのに、ルーにも野菜の旨みがしっかり出ているように感じる。カレーやシチューのようにじっくりコトコト煮込む料理は、一度に作る量が多いほうが美味しくなるもの。だから、カレーはよく売れる店が美味い。その

とてもにぎやかな印象の野菜天そば。かき揚げは、タマネギとニンジンを中心に構成

ことがよく分かるひと皿だった。

そばとカレーを一人前ずつ食べたら、もうお腹いっぱい。そばもカレーも、平均的な店よりだいぶボリューミーだ。そばもカレーも食べたいけれど胃袋の容量が心配という方に、朗報をひとつ。どちらもミニサイズの設定があり、ミニサイズのカレーとフルサイズのそばをセットにすることも、ミニサイズのそばとフルサイズのカレーをセットにすることも、ミニサイズ同士を組み合わせることもできるのだ。また、両者のマリアージュを楽しめるカレーそばの設定もある。もともとカレーはそばのトッピングとして提供し始め、カレーライスは後から派生したメニューなのだそう。

券売機をしげしげと眺めると、バスセンターカレーふりかけやバスセンターカレーせんべいからTシャツ、スプーンまで販売している。このなかから、また店の代名詞となるようなヒット商品が生まれてくるのだろうか。いろいろな意味で、楽しみが尽きない店だ。

## ターミナルも鴨南蛮も、地域振興型【岐阜県】山県《やまがた》バスターミナル「山県ごはん」

バスターミナルを利用するのは地域住民が多いので、利用者の日常生活に便利な店舗が入居する場合が多い。上階が大型ショッピングセンターになっていることが多いのも、バスを利用するついでに必要な買い物をワンストップで済ませられるという利点があってこそ。観光地のバスターミナルのような例外はあるにせよ、概してBTそばは駅そばより地域密着志向が強いといえる。

地域密着という観点で考察すると、岐阜県の山県バスターミナルが好例となる。山県市は、2003年に3町村が合併して誕生した地方都市。いわゆる、平成の大合併だ。広範囲に及ぶ市町村が合併すると、中心部の振興に多くの予算や人員が割り当てられ、それ以外の地域が割を食って廃れてしまう場合がある。山県市の場合、市役所が置かれたのは旧高富町であり、旧美山《みやま》町と旧伊自良《いじら》村は市の中心部から遠く離れている。

何も手を打たなければ美山地区と伊自良地区は廃れていくばかり。そこで、山県市は自主運行バスを走らせている。そして2021年には、東海環状自動車道の山県インターチェンジ近くに山県バスターミナルを設置。岐阜市や周辺自治体へ通じるバス路線を集約した。また、ターミナルにはJAが運営する農産物直売所も併設。自治体の主導のもとで、市民生活に欠かせないバスターミナルが誕生したのである。山県市には鉄道が通っていないだけに、路線バス網の整備は急務だったのだろう。

この農産物直売所内で、そばを扱う軽食堂「山県ごはん」が営業している。各メニューに山県市内および近隣地域産の食材を多く取り入れるなど地産地消にこだわっているため、平均的なBTそばと比べれば割高な価格設定。しかし、食券制でカウンターキッチンスタイルの簡易的な店舗であり、BTそばに含めて問題あるまい。

5種類あるそばメニューのなかから、お品書きにもっとも大きな写真が掲載されていた鴨南蛮蕎麦をいただくことにしよう。どの飲食店でもお品書きに大きな写真を載せているものは、店側がオススメしたいメニューである。券売機なら、上段（目の高さに近い位置）のボタンに設定されているメニュー。店頭にサンプルケースを置いている場合も然りだ。

鴨南蛮蕎麦の食券には、「美山バルバリー」と印字されていた。一瞬、

美山バルバリー 鴨南蛮蕎麦。盛りつけ方にもこだわりを感じる

「あれ? ボタンを押し間違えたかな?」と思ったが、これで大丈夫。正式なメニュー名は「美山バルバリー 鴨南蛮蕎麦」なのである。美山バルバリーは、山県市の旧美山町にある鴨肉専門の加工販売会社。フランスで改良されたバルバリー種の鴨肉を加工し、独自ブランドで販売している。岐阜県内では唯一の鴨肉専門会社なのだそう。

できあがった鴨南蛮蕎麦には、スライスの鴨肉が4枚と焼きネギが5本、きれいに並べてトッピングされていた。鴨肉は、事前に醤油ベースの味つけがされてある。熟成味のような風味を強く感じたのだが、それは味つけに由来するものなのか、それとも美山バルバリーの特徴なののか。後者だとしたら、ずいぶんと個性的な味わいの鴨肉である。一般的に駅そばで提供される鴨肉はハムのようなやわらかい食感で旨味も弱いのだが、美山バルバリーの鴨肉は肉質が締まっていて噛みごたえのあるものだった。私はこちらのほうが好みだ。焦げ目のついた焼きネギの甘みや香ばしさも食欲を誘い、じっくり味わうつもりだったのにあっという間にたいらげてしまった。

ちなみに、麺は岐阜市の老舗製麺所から仕入れているとのこと。黒々としていてそばの香りが強く、エッジを感じない代わりに喉ごしのよい麺だ。つゆは、こいくち醤油の関東風。そして薬味のネギは、関西に多い青ネギ。東西折衷スタイルである。駅そばの世界では、東海道本線におけるつゆの東西の境界線は岐阜県西部の関ケ原。ネギの境界線は静岡県東部の丹那《たんな》トンネルとなる。山県市は東海道本線のエリアからやや北に外れているものの、丹那トンネルより西で関ケ原より東であることは間違いない。つゆとネギの境界線は、駅そばとBTそばとで共通しているとみてよさそうだ。

## 神々しいバスターミナルに、大規模フードホール出現

### 【広島県】広島バスセンター「蔵まつ」

バスタ新宿、バスターミナル東京八重洲、大阪駅JR高速バスターミナル。不思議なこ

とに、近年東京や大阪に整備された大規模バスターミナルには、乗り場と同じフロアにBTそばが入っていない。需要はあるはずなのだが、BTそばだけでなく飲食店自体あまり目につかない（別フロアに集約されている）。鉄道駅が高架化されると駅そばをはじめとした構内店舗が改札内から一掃される事象によく似ているように思えるのだが、関連性があるのだろうか。

そんななか、既存の広島バスセンターには、2018年に乗り場と同じフロアに複数の飲食店が営業するフードコート「バスマチフードホール」が開設され、新たなにぎわいの場が創出されている。既存のターミナルには新設されるのに、どうしてマンモスターミナルが新規開設される際にはこのような利便性の高い飲食施設が入らないのか。まったくもって不思議である。

広島バスセンターは、私が個人的に一番好きなバスターミナルである。現在のターミナルビルは1974年に建設されたもので、建物全体にレトロなムードが漂う。3階部分にバス乗り場があるという、当時としては奇抜な発想だったであろう特殊な構造。そごうデパートが入居しており、屋上にはいかつい高看板が燦然と輝く。市街地のど真ん中である紙屋町交差点の角に立地し、交差点の対角から眺めたときの圧倒的な威圧感。これほどまでに威風堂々と仁王立ちするバスターミナルは、ほかにはちょっと思い当たらない。

おまけに、ＢＴそばが2軒も入っている。ひとつは、地下1階の「ちから」。そしてもうひとつは、バスマチフードホール内の「蔵まつ」だ。ちからは同じビル内だからＢＴそばに含められるものの、そごうデパートの地下食品売り場内であり、実質的には〝デパ地下そば〟の色合いが強い。バス乗り場は3階だから、4フロア離れている計算になり、バスに乗るついでにちょっと立ち寄って一杯いただく感覚ではない。その点、乗り場と同じフロアにある蔵まつは、バスの乗客にとってたいへん利用しやすいＢＴそばである。

正面入口から3階まで直通する長いエスカレーターを上がる。そこから直進するとバス乗り場へ至り、左手にバスマチフードホール。ホール内には、全部で11軒の店舗が入っている。飲食店だけでなく、土産菓子や酒類などを販売する店舗も含まれている。なるほど、だからフードコートではなくフードホールと名づけられているわけか。

目当ての蔵まつは、ホールに入って左手にあった。メニューは、そば・うどん、ラーメン、カレー、丼ものと多彩。鳴門わかめ、かすといったご当地メニューもあるが、これらは徳島や大阪を連想させるものであり、広島らしさを感じさせるものはない。近年はやりのラー油を使ったつけそばスタイルのメニューもある。そのなかで私が選んだのは、花巻

あまりにも威厳がありすぎて、神々しいとさえ感じる広島バスセンター

そばだった。
花巻そばは、焼き海苔をトッピングした温かいそばだ。とてもシンプルで簡易的に提供できるメニューだが、駅そばでは扱う店があまり多くない。海産物が豊富な地域で、似たメニューとして地海苔をトッピングするケースが散見される程度だ。ＢＴそば、空そば、海そばも同様である。伝統的なそばメニューのなかでは、駅そばに取り入れられにくいメニューのひとつといえるかもしれない。不意に出合えたことがなんとなく嬉しく感じられてのチョイスだった。
ホール内の客席は、テーブル席が多い。比較的混雑していたこともあり、テーブルをひとりで占有するのは少し気が引け、奥の目立た

交通ターミナルのそばスタンドでは珍しいメニューの花巻そば。特に西日本では、なかなかお目にかかれない

ない場所にひっそりと設けられていた横並びの席へ。これは少し珍しい造りかもしれない。横並びの席は、テーブル席より出入口に近い場所に設けるのが一般的。なぜなら、横並びの席は客の回転が速いからだ。パッと食べてサッと出たい人は、テーブル席より横並びの席を好む。だから、立ち食い席はもっと出入口に近い場所に設けられる場合が多いわけだ。景色のよい窓際に横並び席を配置するケースなど例外もあるけれど、少なくともバスマチフードホールのように店舗と店舗の間の奥まったところに横並び席を配置するのは珍しいといえる。

しかし、実はこの横並び席は特等席なのである。なぜなら、壁一面にバスを写し込んだ古い風景写真がたくさん掲示されているからだ。これらを眺めながらそばをすすれば、モダンなフードホールの雰囲気から一転、レトロなバスセンターの風情に引き戻される。

花巻そばには板海苔やもみ海苔（板海苔を手で細かくちぎったもの）を使うイメージだったが、蔵まつでは刻み海苔（板海苔を細く短く刻んだもの）がトッピングされていた。焼き海苔は磯の香りがとても強く、提供された時点ですでに丼全体から香り立っている。食べ進めるうちに焼き海苔は細かくほぐれてつゆに拡散し、いやが上にも麺に絡みつく。丼全体の一体感の演出という点において、たぬきそば以上の効果を生み出す。

レトロなバスセンターの中で異彩を放つ、モダンでお洒落なフードホール。しかし、掲示されていた古い写真のおかげで、ノスタルジーの世界から完全に切り離されることは免れた。これは第１章のコラムで紹介した西武所沢駅「狭山そば」と似た趣向であり、飲食店にとっては雰囲気づくりも大切なことなのだなと改めて感じさせられたのだった。

## ブース席を備えるBTそば　【徳島県】徳島とくとくターミナル「Tokutoku Cafe」

バスターミナルがあるのは、街の中心部ばかりではない。観光地に直結したものもあるし、高速道路のインターチェンジ付近に整備されることもある。

徳島市の北に隣接する松茂町のバスターミナルも、中心市街地からだいぶ離れた場所にある。地方にしてはかなり規模の大きなターミナルなので、中心市街地より幹線道路である国道11号線沿いのほうが設置しやすく、渋滞が発生しやすい市街地より好都合だったのかもしれない。

バスターミナルは、国道の東西にまたがる形で開設されている。西側が関西方面行の乗り場で、東側が降り場。両者は歩道橋で相互に往来できる造りになっている。規模が大きいのは東側で、母屋の「とくとく市場」は、物産店や飲食店などが入居し、にぎわう。ここで紹介する「Ｔｏｋｕｔｏｋｕ Ｃａｆｅ」も、とくとく市場内にある店舗だ。いっぽうの西側のターミナルには高速バスのチケット売り場があるくらいで、こぢんまりしている。建物の外に遍路用品店を兼ねた小さなうどん店があったが、訪問時には営業していなかった。基本的には、東側がメインであると考えていいだろう。

徳島とくとくターミナルは、国土交通省と徳島県が共同で開設した自動車ターミナルである。公共性の強いターミナルという点で、山県バスターミナルに近い性質をもつといえる。ただし、規模はこちらのほうが格段に大きく、広大な駐車場が併設されていてパークアンドライドが可能なバスターミナルとなっている。市街地から外れた立地であるだけに、パークアンドライドの需要はかなり多いと想像できる。また、広い駐車場は1時間まで無料で利用でき、ショッピングも食事もできるのだから、道の駅に匹敵する機能性をもつ施設だといってもいいかもしれない。道の駅も国土交通省の監督下で整備されているものなので、必然的に性格が似てくるのだろうか。

とくとく市場内は、中央通路を挟んで左右に、間仕切りのない開放的な物産店や飲食店が連なっており、活気に満ちている。そんななか、ＴｏｋｕｔｏｋｕＣａｆｅだけは客席全体が背の高い衝立で囲まれており、通路から切り離された店舗専用空間を設けている。駅そばの世界観から考えると、これは逆になりそうなものである。吹きさらしの店舗は、物産店より駅そばのほうが似合う。

しかし、その謎は店内に入ってすぐに解けた。客席の一部がワーキングブースになっており、各席にはコンセントも完備。モバイル端末を持ち込んでの作業や読書などができるようになっているのだ。

館内には、バスの待合客が心静かにゆっくり過ごせるような場所がない。中央通路にベンチがあることはあるが、両脇の店舗に間仕切りがないため常に人々が往来しており、ちょっと座って休むにはよいけれど落ち着いて読書などができる環境ではないのだ。そこで、BTそばが安らげる待合スペースを提供しているのである。

タッチパネル式の券売機から、ちくわうどんを選択。ブランド地鶏の阿波尾鶏を使ったとり天うどんや鳴門わかめうどん、冷麦ほどの太さがある半田そうめんなど、ご当地感のあるメニューが多く揃うなかで、あえて選んだちくわうどん。店員からちくわは徳島県小《こ》松島《まつしま》市で伝統的な製法により作られた竹ちくわだと聞き、迷いが晴れたのだった。天ぷらではなく生のちくわをメイントッピングとするメニューは、駅そばの世界でも愛知県の豊《とよ》橋《はし》駅「壺屋」のふわふわちくわそばか、鳥取駅「砂丘そば」の砂丘そばくらいしか思い当たらない。たいへん珍しい存在なのだ。

2分ほどでできあがったうどんには、これでもかとばかりにちくわの輪切りがたくさんトッピングされていた。ちくわを1本まるごと使っているようだ。ルックスは、砂丘そばよりふわふわちくわそばに近い。

食べてみると、最初に焼き目の香ばしさがツンと突き上げ、それから白身魚の旨みや甘みが追随してきた。香ばしさが出汁の味わいを引き立てて、とても美味しい。その出汁は、昆布の旨みが前面に感じられるもの。第1章で「徳島は、四国のなかでは関西寄り」と書いた通りで、やっぱり讃岐うどんより大阪うどんに近い味わいだった。ただし、麺はコシ

とても愛嬌のあるルックスのちくわうどん。カマボコを2枚のせるところにも、西日本らしさを感じる

の強い冷凍麺を使っており、こちらは大阪より讃岐寄り。冷凍うどんは概してコシが強いものなので、店側の意図は見えにくい。徳島のうどんは、讃岐ほど強いコシはないのが一般的だし、県北部の鳴門市には短くやわらかい麺が特徴のご当地うどん「鳴門うどん（鳴ちゅるうどん）」もある。冷凍麺を使っているからたまたまコシが強くなった。これが真相なのではないだろうか。

バスを待つ間のわずかな時間で食べることもできる店だが、喫茶メニューを楽しみながらワーキングブースを使い、ちょっとした仕事を片づけてしまうこともできる。全国的にバスターミナルは複合的な施設に進化しつつある。人が多く集まる場所に商機が生まれるのは至極当然のことで、それは駅ビルがどんどん発達してゆく鉄道の世界と変わらないのである。

## サービスの豚骨に、愛を感じて【沖縄県】新川《あらかわ》営業所「ターミナル食堂」

本書では、駅そばの定義に沖縄そばも含めることとしている。沖縄の鉄道は駅構内店舗が少ないモノレールだけであり、対象となる店舗は存在しない。それなのにあえて沖縄そばも含めることにしたのは、沖縄のBTそばと空そばを紹介したかったからである。BTそばや空そば、海そばは、駅そばと比較考察するためにそれぞれの定義を可能な限り駅そばに近づける必要があり、本章（および次章）で沖縄そばを取り上げるためには駅そばの定義にも含めておく必要があったのだ。鉄道縛りの著作ではなかなか沖縄を取り上げる機会に恵まれないのだが、バスターミナルや空港なども含めれば話は別。沖縄にも、沖縄そば版の簡易的な麺類店がたくさんある。これらをぜひ紹介してみたかった。私なりの、精一杯のチャレンジである。

余談だが、戦前には沖縄にも軽便《けいべん》鉄道が走っていた。そして、どうやらこの時代には那覇駅に駅そばが存在していたようである。米軍嘉手納《かでな》基地の向かいにある道の駅「かで

な」の展示資料のなかに、

「(軽便鉄道の運賃は)嘉手納と那覇は往復44銭。俺たちは50銭を握りしめて切符を買った。残りの6銭でソバを食って、飴を買って帰るのが定番の遊び方だ」

という沖縄戦経験者の証言記録があるのだ。

沖縄戦で軽便鉄道は壊滅的な被害を受け、そのまま廃止となる。以来、２００３年にゆいレールが開業するまでは、沖縄県内の公共交通はバスをはじめとする自動車頼みだった。そのため、バス文化はたいへん発達しており、ターミナル施設も県内各地にある。そして、小規模なターミナルであっても、沖縄そばやラーメン、定食などを提供する飲食店が併設されていることが多い。

本書では、那覇バスの新川営業所をピックアップしてみよう。那覇市の隣にある南風原《はえばる》町《ちょう》。その中心市街地から丘を登ったところに新川営業所がある。周囲には沖縄県公文書館や沖縄県立南部医療センターなど敷地の広い施設があり、比較的ゆったりしているように感じる街並みである。営業所にはバス車両の車庫や整備場があるほか、事務所とは別棟になったバス待合所も完備している。

市街地から外れた場所にあり、一般車両は敷地内に入ることができない。ということは、事務所の建物内で営業する沖縄そばをメインに提供する飲食店「ターミナル食堂」の利用者は、那覇バスの従業員かバスの乗客ということになるだろう。あるいは、医療センターや公文書館の職員や来訪者も利用しているかもしれない。いずれにしても、食堂を併設していることが意外に感じられる立地なのである。これだけ見ても、いかに沖縄のバス文化が発達しているかがうかがい知れる。

店の外に幟《のぼり》を立てているくらいだから、外部からの来客は歓迎なのであろう。しかし、間口部分に看板等はなく、非常階段へ通じるようなステンレス枠の開き戸は立てつけが悪い。ガラス部分には貼り紙がたくさんあって、店内の様子は見えない。初めての訪問だと、少々入りづらさを感じる。

しかし、意を決して戸を開けると、やさしそうな笑みを浮かべた女性店主が「いらっしゃいませ」と声をかけ、私を招き入れてくれた。やれやれ、ひと安心だ。

カウンター席と、壁際の横並び席。それぞれふたりか3人でいっぱいになる狭さ。カウンターにはスーツ姿の若い男性客が陣取っていたので、私は壁際の席へ。文字が色褪せて消えかかったお品書きを見ると、沖縄そばが3種類、日替わりメニュー、そして骨汁というものがある。また、モーニングメニューもある様子。ただし、私が訪問したのは昼過ぎ

幟が立っていなければ、ここが飲食店であることに気づかないだろう

だったので、モーニングは選べない。
沖縄そばは、ベーシックな三枚肉そばと、豚足をまるごとトッピングするてびちそば、そして沖縄の郷土料理であるゆし豆腐をのせたゆし豆腐そばというラインナップ。悩んでいるところに店主が
「今日の日替わりは、ポーク玉子そばです」
と声をかけてきた。ポーク玉子は、ランチョンミートと炒り玉子を合わせた、沖縄では朝の食卓に上ることが多い料理だ。それをそのままそばにのせるのだろう。どれも美味しそうなのだが、まずはベーシックなものを紹介したいので、ここでは三枚肉そばをいただくことにした。変わり種は、次章で取り上げることにする。

三枚肉そばは、沖縄そばを提供する飲食店ならまず間違いなくラインナップされているメニューだ。駅そばに例えれば、天ぷらそばに相当するだろうか。定番中の定番である。豚の三枚肉（バラ肉）を甘辛く煮たものをトッピングする。メニュー名が「沖縄そば」となっている場合は、実質的には三枚肉そばである場合が多い。

ところが、運ばれてきた三枚肉そばは、なんとも異様なルックスのものだった。厚切りの三枚肉が2枚トッピングされているのは問題ないのだが、そのほかにシイタケがまるごとひとつ、そして拳骨《げんこつ》大の豚骨がドカッとのせられていた。このビジュアルの三枚肉そばは、他店ではちょっとお目にかかれない。

ただ、私にはすぐに分かった。豚骨もシイタケも、スープの出汁を取る際に使った食材だ。シイタケはもちろん食べられるし、豚骨にも食べられる肉が少なからず残っている。食べずに捨ててしまうのはもったいない。

「食べてくれそうなお客さんには、のせるようにしているんです」

と店主。ということは、私は食べるように見えたということか。

駅そばの世界にも、これと似たサービスを行う店がある。出汁に使った削り節は、乾燥させてからフードプロセッサーにかければ、ごはんもののふりかけになる。出汁昆布も、

麺、スープ、具材のどれをとってもハイレベルな三枚肉そば。街なかにあれば、行列必至だ

細切りにすれば立派なトッピングに。形が崩れないシイタケにいたっては、甘辛く煮ればお金を取れる食材に再生できる。フードロスを減らすと同時に、捨てるくらいならぜひ食べたいという客にとってはたいへんありがたいサービスである。店側には生ごみを減らせるメリットがあるし、客も得をした気分になれる、両者の利害が合致したサービスなのである。

サービスに気を良くして依《え》怙《こ》贔屓《ひいき》するわけではなく、この店の沖縄そばは絶品だった。太めの麺は昔ながらの重厚な食感のもので、確かな満足感をもたらす。チェーン店などに多いツルツルした舌触りの麺は、スープがあまりのらないのだ。そのスープは、カツオや豚骨、シイタケなどの出汁に醤油の熟成味が加わり、奥行きのある味わいを創出している。出来合いではなく、店内で一から仕込んでいることがひと口で分かるスープだ。三枚肉の味つけもほどよく、厚さが1センチメートルほどもあるから食べごたえも充分。総合的な満足度は、牧志公設市場内の有名沖縄そば店「田舎」にも引けを取らないだろう。まさかバスターミナルでこれほどレベルの高い沖縄そばに出合えるとは、思いもしなかった。

しみじみと食後の余韻に浸っていると、店主がアイスコーヒーを淹れてくれた。なんと、これもサービスだという。ここまで気前がよいと、こちらも自然と心が開かれてくる。先に述べたように、料理を味わうときにはシチュエーションも大事。美味しかった三枚肉そばは、店主の気前のよさによって、舌やお腹だけでなく心の底から満足できる一杯に昇華するのだ。立地や店の規模から考えて、客数が極端に多いわけではないだろう。だからこそ、ひとりひとりの客に対してきめ細かくおもてなしの気配りができるのかもしれない。

なお、サービスでトッピングされる豚骨は、切り口がとても鋭利である。間違っても、骨ごと口に入れることがないよう注意しよう。食べる際には、箸で肉をほじくり出すべし。

## [BTそばコラム] 道の駅そばは、ほぼBTそば!?

### 【宮城県】道の駅林林館《りんりんかん》「森の茶屋 立ち食いコーナー」
### 【埼玉県】道の駅和紙の里ひがしちちぶ「めん処みはらし」

本章で紹介したなかで、山県バスターミナルと徳島とくとくターミナルは国や自治体の主導のもとで整備されたもので、農産物直売所や物産店などが入居していた。交通拠点であり、なおかつ地域振興施設でもあるというその性格は、国土交通省の監督下で運営される道の駅に近いものだった。

ここで、ふと疑問が頭に浮かぶ。道の駅には、バスの停留所が設けられていることが多い。なかには、路線バスの乗車券発売窓口や、路線バス専用のロータリーが備わっている道の駅もある。これらの施設内に簡易的なそば店があれば、BTそばの定義を完全に満たすのではないだろうか。道の駅内の簡易的なそば店を「道の駅そば」と称すれば、「道の駅そば≒BTそば」の式が成り立つと思う。バスの停留所がない道の駅もあるだろうから、記号は「＝」ではなく「≒」としておくが。

実例をふたつ挙げてみよう。宮城県登米《とめ》市にある道の駅「林林館」内の「森の茶屋」は、正規のレストランとは別に立ち食いそばコーナーを備えている。メインの客席は立ち食いで、食券制。受渡しや丼の返却はセルフサービス。価格も安く設定されていて、提供は迅速。紛れもなく簡易的なそば店である。

そして、国道から駐車場へアプローチする通路がロータリー状になっており、ここに登米市民バス

（ミヤコーバスが受託運行）の東和総合支所停留所がある。これはもう、ＢＴそばだと認めざるを得ないだろう。

私は、ここでは野菜そばをいただいた。第１章で紹介した宮崎駅「三角茶屋 豊吉うどん」の野菜そばは野菜かき揚げのトッピングだけれど、ここでトッピングされたのは野菜炒めだった。キャベツ、ニンジン、タマネギを合わせて炒め、ブラックペッパーを利かせてある。そばのトッピングとしてはやや刺激が強すぎる印象ではあったが、駅そば探訪ライフを送っていると野菜が不足しがちなので、これはこれでありがたいメニューだった。この店ではそば・うどんだけでなくラーメンも扱っており、野菜炒めは本来味噌ラーメンにのせるためのものである。アレンジを加えることなくそのままそばのトッピングに転用しているのが面白い。センスが大胆だ。

通路のように見えるこの場所が客席。道の駅「林林館」の立ち食いそばコーナー

次に紹介するのは、もっとバスターミナル寄りの道の駅である。埼玉県西部の東秩父村にある道の駅「和紙の里ひがしちちぶ」は、伝統的な製法による紙すきやそば打ちを体験できるなど、アクティビティー重視型の道の駅。東京から日帰り可能な距離だけに、週末ともなると駐車場はほぼ常時満車という人気ぶりだ。

食事処は、ダイニングスタイルの手打ちそば店がメインだが、それとは別に簡易的な手打ちそば店「めん処みはらし」が営業している。手打ちそばの提供ではあるがカウンタースタイルの代引き制で、しかも私が注文したきんぴらそばはほぼワンコインという安い価格設定。調理も手早く、フラッと寄ってサッと食べるのに好適な店である。これは、簡易的なそば店と認められる。

いっぽう、駐車場の脇には、一般車両進入不可の路線バス専用ロータリーが整備されている。その中央には上屋のついた島式安全地帯があり、和紙の里停留所とガラス張りの待合室が建つ。これは、法律的に解釈しても正真正銘のバスターミナルであろう。バスターミナルに付随する施設で簡易的なそばを食べられるのだから、BTそばであることは疑う余地もない。

和紙の里停留所。これをバスターミナルと呼ばずに何と呼ぶのか

食べ進めるほどに美味しさがこみ上げてくる、「めん処みはらし」のきんぴらそば

めん処みはらしのきんぴらそばは、細切りのゴボウとニンジンを炒めた、きんぴらごぼうのトッピングだった。これも駅そばの世界では店に

よって内容が異なるメニューであり、ゴボウとニンジンのかき揚げを指す場合もある。

塩気が強めのつゆはきんぴらごぼうをもやさしく包み込み、じわっと調和する。和風出汁の包容力を、改めて思い知らされる。手打ちの極太田舎そばとともに、最初から最後まで美味しくいただけた。厨房内では割烹着姿の店員たちがゴボウを手作業で刻んでおり、包丁がまな板をトントントンと叩く音が間断なく聞こえてくる。これぞ、おふくろの味だ。食べ終わる頃には、無性に実家に帰りたくなってきたのだった。

# 第3章

## 空そばの世界

空港のそばは、
早めに到着してゆったりのんびり

## "じゃないほう"の空港の楽しみ方　【北海道】丘珠空港《おかだま》「丘珠キッチン」

大都市にアクセスするための空港は、複数ある場合が多い。東京なら、羽田空港と成田空港。大阪なら、伊丹《いたみ》空港と関西空港。名古屋なら、小牧《こまき》空港と中部空港という具合だ。これは海外に目を向けても同様であり、台湾の台北には松山《しょうざん》空港と桃園《とうえん》空港、中国の上海には虹橋《こうきょう》空港と浦東《ほとう》空港がある。

なぜ空港が複数あるのか。それは、市街地の近くにひとつめの空港を整備したものの、その後の航空交通の発達により過密ダイヤとなり、さらに機体も大型化され、より大規模な空港を新たに整備する必要が生じたためである。羽田空港だけではまかないきれなくなったから成田空港が整備されたわけだ。

一般的に、規模が大きいのは後から開かれた空港であり、初めに開かれたほうはサブ空港として補助的な役割に転ずる。羽田と成田の場合は、旅客数が多いのは羽田なので、一概には言い切れない部分もあるのだが。基本的には「新しい空港＝メイン空港」で、もともとあった空港はサブ空港、つまり"じゃないほう"の空港になる。

札幌へアクセスする空港にも、メインとサブがある。メイン空港は札幌から少し離れているが、鉄道でアクセスしやすい新千歳空港。そしてサブ空港は、丘珠空港だ。丘珠空港

プロペラ機も駐機場内を歩く人々も、ローカル空港ならではの光景

は札幌市内にあり、地下鉄駅から徒歩接続も可能な好立地。しかし、滑走路は１本のみであり、国際線は就航していない。国内線も、２０１０年に全日本空輸が撤退（新千歳空港へ路線集約）したことで利用者が減り、現在は主に北海道内のローカル空港との間の便で運用されている。

国際線が就航していないこともあり、ターミナルはシンプルな構造である。１階は航空会社のチェックインカウンターと到着ロビー、２階は出発ロビーとレストラン「丘珠キッチン」、そして屋上が送迎デッキ。レストランだけでなく売店も２階にあるので、搭乗手続きを済ませたら保安検査場に入るまでの間は２階で過ごすことになるだろう。地方空港は、このような造りである場合が多い。コンパクトにまとまっていて、〝じゃないほう〟の空港にしてはあまりレトロムードが染みついていないターミナルである。各フロアが狭いので、混雑時には少々窮屈に感じるかもしれないが、平常時なら快適に利用できる。

丘珠キッチンでは、ガラス越しに滑走路を眺めながら食事を楽しめる。メイン空港はターミナルと滑走路が少々離れている場合が多く、なかなかこの情緒は味わえない。地方空港もしくはサブ空港ならではの楽しみだといえる。

ターミナル内には食事処がこの1軒だけしかないので、すべての旅客の需要をまかなうために、必然的にオールラウンドレストランになる。そば・うどん、ラーメン、カレー、定食。喫茶メニューにアルコールまで、何でも揃う。

オールラウンドタイプの飲食店。これが、地方空港やサブ空港のレストランの大きな特徴である。この場合、メニューにそば・うどん・沖縄そばのいずれかが含まれていれば、空そば（空港のそば）と認定することとしよう。鉄道駅やバスターミナルでは、構内の飲食店が好みのものでなければ、別の飲食店を求めてターミナルの外へ出ることも容易にできる。しかし、空港は市街地から遠く離れているなど、周辺にあまり飲食店がない場合が多い。だから、ターミナル内の食事処はすべての客の需要を満たす必要があり、オールラウンド化の傾向は駅そばやBTそばより強いのである。

オールラウンドな飲食店だと、各ジャンルのメニュー数は少なくなるものである。丘珠キッチンのそばメニューは、訪問時にはかけ、きつね、海老天の3種類だけだった。いずれも、駅そばやBTそばに比べて高めの値段設定。空そばの値段は、概して高めである。駅そばやBTそばよりフロアが広い場合が多いからテナント料が高いだろうし、とくに便の少ない空港ではアイドルタイムが生じやすいので、単価が高くなるのは致し方ないと思う。

私は、そばメニューのなかではもっとも値が張る海老天そばを選択した。食券制で、セルフサービス。受渡しまでの流れは、駅そばやBTそばと変わりない。広々としたフロアにたくさん並んでいる客席のうち、窓際の横並び席を選ぶ。空そばは、滑走路を望めるなど窓越しの見晴らしがよいので、ここが特等席である。

丼の縁にもたせ掛けるようにして、海老天が2本。その上から、刻み海苔を散らしてある。本書ではたびたび刻み海苔のトッピングが出てくるのだが、私が普段駅そばを巡るなかではこれほど高頻度では出合わない。駅そばよりBTそばや空そばのほうが、刻み海苔をのせる傾向が強いのだろうか。刻み海苔は香りが強いので、つゆの香りを補う作用があ

海老天そばはご当地メニューではないが、窓越しに滑走路を眺めながら食べればムードが高まる

る。しかし反面、出汁の香りを上書きしてしまうので、つゆ本来の香りが分かりにくくなってしまう。丘珠キッチンのつゆは、最初のひと口めでカツオ出汁の風味が感じられたのだが、ふた口め以降は海苔の香りが前面に立ち、つゆ本来の味わいはかき消されていく。味わいが変化していくのは、一杯のそばのなかにストーリー性が生まれてよいとは思う。しかし、つゆ本来の香りを楽しめるのが最初のひと口だけというのは、少々もったいないようにも思う。

海老天は冷凍のものを使っているようだが、揚げたてを提供している点は評価できる。衣はサクサクと軽く、エビ自体もプリッとしていて美味しい。海老天は、揚げが不十分だと衣がニチャニチャの食感になり、揚げすぎるとエビのプリプリ感が損なわれる。熱の通し加減が重要なのだ。この点はきっちりアジャストされていた。ツルツルした舌触りの麺も含め、総合的には満足できる内容である。それだけに、つゆ本来の味わいをもう少しじっくり楽しみたかった。

食べている間に、日本航空のプロペラ機が着陸。私のほぼ正面で停止し、タラップから乗客が降りてくる。そしてそのまま、一列縦隊で駐機場のエプロンを歩いて到着口を目指す。この光景もまた、地方空港やサブ空港ならではのものだろう。大きな空港では、航空機の出入口からターミナルの到着口まで専用通路で結ばれるか、離れている場合にはバスで移動するもの。乗客が駐機場内をぞろぞろと歩くシーンは、航空機を利用する機会が決して多いとはいえない私にとってはたいへん新鮮な光景であり、強烈なインパクトを残したのだった。

## メインは立ち食い！　駅そば寄りの空そば　【東京都】羽田空港「立喰そば・酒処 つきじ亭」

一般的に、空そばは駅そばやＢＴそばよりゆったりした造りである。しかし、なかには簡易志向が強く、駅そばやＢＴそばと似たスタイルの空そばもある。大都市の空港は、定時性の高い鉄道でアクセスできる場合も多く、過度に時間的余裕をもたせる必要がない。ぎりぎりのスケジュールで空港に到着する人も少なくないだろう。そのような人々にとっては、短時間でサッと食べられる飲食店が重宝するのである。

羽田空港第2ターミナルの地下1階で営業する「立喰そば・酒処 つきじ亭」が、その代表格だ。食券制で、客席の半分が立ち食い席。奥まったところに椅子席はあるけれど、混雑が激しいのは圧倒的に立ち食い席。受渡しを待つ客と立ち食いする客が交錯する様は、駅そばと見紛う光景である。

店がある場所は、東京モノレールの羽田空港第2ターミナル駅の改札を出てほぼ正面である。だから、空港ターミナル内ではあるけれど、ほぼ駅そばといってもいい立地なのだ。空そばは空そばでも、駅そば寄りの空そばなのである。平均的な駅そばと少々異なるのは、椅子席のコーナーには大きなキャリーバッグを脇に置く客が目立つことくらい。混雑が激しい立ち食い席でキャリーバッグを脇に置いていると邪魔になってしまうため、キャリーバッグを携えている人の多くは自主的に椅子席を利用しているようだ。

特段変わったメニューの設定はなかったので、券売機上部の大きなボタンが割り当てられていた「柔らか牛肉そば」を選択。関東の肉そばには、豚肉を使うことが多い。牛肉を

人通りがとても多い場所。客の回転効率向上が至上命題となり、立ち食い席は欠かせない

使うのは、主に西日本だ。なんとなく珍しく感じてのチョイスだった。

牛肉を使っている理由は、調理シーンを観察して自然と理解できた。この店ではご飯ものとして牛丼を扱っており、これがなかなかの人気を博しているのだ。そばにミニ牛丼を合わせたセットメニューや単品の牛丼を注文する人が、とても多い。そしていざ私の柔らか牛肉そばが調理される段になると、牛丼の具、つまり〝アタマ〟がそのままそばにトッピングされた。

この店で肉そばを豚肉で提供するためには、牛丼の具材とは別に豚肉を用意しなければならない。牛肉そばにすれば、牛丼のアタマの転用でまかなえる。薄利多売で運営していくためには、ロットの小さい仕入れを極力避ける必要がある。転用できるものは転用して、仕入れの品目数を減らし、ひとつひとつの仕入れのロットを大きくする。これにより、安価提供が可能になるのだ。すなわち、この店の柔らか牛肉そばは、牛丼ありきのそばメニューなのだろう。もし肉そばありきで丼ものを構成するなら、豚肉そばと豚丼というメニュー構成になっていたのではないだろうか。

私はキャリーバッグを携えてはいなかったが、写真を撮りたいので、奥の椅子席へ。朝の通勤時間帯の訪問ということもあり、立ち食い席は混雑していたが椅子席は半分以上空いていた。グループで利用する場合にも、会話を楽しみながらゆっくり食べられる椅子席のほうが利用しやすそうだ。

トッピングは牛丼のアタマだから、牛肉だけでなくタマネギを合わせて炊いたものである。牛肉の旨みにタマネギの甘みが加わり、期待通りに美味しい。煮汁が染みわたったつゆも、旨みと甘みが加わることで多層的な味わいに変化する。牛丼のアタマは、つゆを美味しくするトッピングでもあると思う。さらに、客が自由に入れられる揚げ玉を加えれば、丼の中は旨みと甘みの坩堝と化す。最初のひと口で一定の満足感を与える、駅そばの真骨頂ともいえる味わいだった。駅そば寄りの空そばらしい一杯である。

カマボコとワカメで彩りを添える柔らか牛肉そば。カマボコを2枚のせるのは、関東では珍しいスタイル

なお、第1ターミナルの地下1階にも、駅そば寄りの空そば「そば処 羽田 あずみ野」がある。こちらも東京モノレールの羽田空港第1ターミナル駅の改札にごく近い場所で、フードコート「東京シェフズキッチン」内の店舗として朝7時から営業している。フードコートに入居するほかの飲食店は、いずれも10時半か11時からの営業。短時間でサッと食べたい需要が多い通勤時間帯に営業していることも、駅そば寄りの空そばだと実感させる部分だ。

羽田空港は、世界の混雑空港ランキングで第3位（2023年。イギリスの航空関連情報会社ＯＡＧの調査による）となっている。忙しい空港で、鉄道でのアクセスが便利で、しかも鉄道の改札付近に構える空そば。この立地であれば、ダイニング志向が強い空そばさえも「時は金なり」の精神が勝るようである。

## 駅そばと空そばは、相違点だらけ【静岡県】富士山静岡空港「東海軒富士見そば」

2009年に開業した新しい空港である、富士山静岡空港。その愛称から、私はてっきり静岡県東部の富士市か富士宮市あたりにあるものだと思い込んでいた。しかし、実際には県中部の牧之原《まきのはら》市にあり、富士山頂からは遠く離れている。離着陸時に富士山を眺められるから偽りというわけではないけれど、やや誤解を招きやすいように思うのは私だけだろうか。〝静岡牧之原空港〟では、インパクトが弱かっただろうか。

ターミナルビルはガラス張りの現代的なデザインで、広い県道から直接駐車場に入れるなど車でのアクセスがとてもスムーズな設計になっている。国際線が就航していることもあり、ターミナル内は広々。土産物などを販売する店舗は複数あり、レストランも出発ロビーの2階と展望デッキが備わる3階にある。2階は3店舗が連なる「フードコートFSZ」で、3階はダイニング形式のレストラン。フードコートのほうが簡便性が高いので、ここで考察するのはフードコートにしよう。

フードコートの3店舗のなかに、たいへん興味深い事業者の店が名を連ねている。静岡駅の在来線ホームで駅そばを営む東海軒だ。鉄道駅と空港ターミナルの両方にそば店舗を出店しているケースとしては、第1章で「出雲の國 麺家」を取り上げている。ただ、出雲の國 麺家は近年テナントとして駅ナカ進出を果たした事業者の店舗である。これに対して東海軒は、静岡駅での構内営業権をもつ、いわゆる駅弁事業者なのだ。駅弁事業者が空そばを出店するケースは、たいへん珍しい。空港では、どのような店舗運営がなされているのか。メニューや味に駅そばとの違いはあるのか。興味がとめどなく湧きあがってくる。

お目当ての店は、3つ並んだ店舗のうちの中央だ。間口上部に、大きく「東海軒富士見そば」と店名が掲げられている。店名も、静岡駅の駅そばとまったく同じである。ちなみに、右隣はラーメン店で、左隣はパスタ店。3つの飲食店は、すべて麺類をメインに提供している。これも少し変わった構成だなと感じる。

だからなのか、東海軒富士見そばでは、駅そば店舗よりごはんものに力が入っていた。そばとミニ丼のセットメニューに加え、海老天重やかつ丼といったごはんものの単品も揃っている。このラインナップであれば、米を食べたい人は自然と東海軒富士見そばに足が向くのではないだろうか。

ごはんものの充実ぶりが特徴のひとつだと感じたので、ミニしらす丼・そばセットを食べてみることにした。そして、ひと目見た瞬間に、静岡駅ホームの富士見そばで何度も食べてきたそばとは異なる部分がたくさんあることに気づいた。まず、空港の店舗のほうが、丼が大きくボリューミーである。ワカメやカマボコで彩りを添えるのも、駅そば店舗にはない演出だ。ちなみに、各メニューの値段も、静岡駅ホームの店舗とは異なった設定になっている。

実際に食べてみると、さらなる違いに驚く。麺の歯ごたえが強く、細麺仕立てなのにしっかりと噛みしめて食べるそばなのだ。また、今回私は天ぷらを食べなかったのだが、各種天ぷらは店内で揚げており、この点も店内にフライヤーがない駅そば店舗とは異なる。もはや共通点を探すことのほうが難しいくらいに、相違点のオンパレードだった。唯一同じ味わいだと感じたのが、つゆ。カツオと昆布のバランスがとれた出汁に、上顎の裏を撫でるような醤油のコク。少し甘みがあるところも含め、東海軒の矜持が表現されているように感じた。

しらす丼は、駅そば店舗にはないメニューである。ごはんの上に駿河湾特産の釜揚げシ

ミニしらす丼・そばセット。唐辛子や醤油などは、受渡口にある。必要であれば、受渡しのときに入れるのを忘れずに

ラスをたっぷり敷きつめ、ネギ、刻み海苔、そしておろし生姜で香りづけ。薬味の香りが強いので、シラスの風味を存分に楽しみたい場合は、生姜を避けながら食べ進めたほうがよさそうだ。注文時に「生姜抜き」と伝える手もあるだろうか。

これほどまでに相違点が多いのは、厨房設備も客層も駅そば店舗とは大きく異なるためだろう。駅そばは、短時間でサッと食べられることに意義がある。だから、街なかの一般的なそば店に比べてややボリュームを抑えてある場合が多い。これに対して空そばは、時間に余裕があり落ち着いて食事を楽しみたい利用者が多い。だから、一食まかなえるボリュームで提供する。そして、駅そば店舗より厨房が広いので手広くいろいろなことができる。大型の冷蔵庫や冷凍庫、天ぷらのフライヤーなどは、駅そばの厨房には入れることができないのだ。

間食の感覚で手軽に利用できることが重要な駅そばと、手軽でありながらも三度の食事のひとつとしてしっかり食べることが前提となる空そば。大まかにいうと、両者の間にはこのような違いがあるのではないだろうか。

いずれにしても、空港内で駅弁事業者の名を見ることができ、感激だった。私はただ食べただけなのに、なんだか自分が空港への進出を果たしたかのように、誇らしげな気分になったのだった。

## 空そばは、乗客だけのためにあらず 【石川県】のと里山空港「レストランあんのん」

2024年の元日に発生した、令和6年能登半島地震。古い住宅が多く残る地域で発生した地震だったこともあり、家屋の倒壊や大規模火災による被害が甚大だった。道路の損壊も激しく、能登半島では道路が寸断されて孤立集落も多く発生した。

能登半島北部の輪島市に位置するのと里山空港も、震災により滑走路に亀裂が生じ、航空機の離着陸ができなくなってしまった。滑走路は閉鎖され、ターミナル内で営業していたセルフサービス形式の「レストランあんのん」も休業を余儀なくされた。

しかし、復旧は意外とも思えるほど早かった。震災発生から1か月も経たぬうちに滑走路の応急的な復旧作業を終え、羽田との間で臨時便の運航を再開。4月には定期便の運航が再開された。レストランは、3月に営業を再開。当初は週3日の営業だったがその後、毎日営業に。空港の復旧が急がれたのは、道路が寸断されたことで陸路での支援物資輸送が困難を極め、空からの輸送が不可欠だったためだ。

レストラン営業再開の報を受け、私は被災地を応援したい一心でのと里山空港を訪問することにした。能登半島に差しかかると、震災の爪痕が随所に見られるようになった。国道も、応急的に通れるようにはなっているものの、あちこちに段差があり、とてもではないが制限速度では走れない。一番ひどいのが、橋だ。地震によって周囲の地盤が沈下することで、橋が持ち上がったような形になり、両端に大きな段差が生じるのだ。東日本大震災の際にも、東北自動車道などでこれと同じ現象が多発した。

穴水《あなみず》町に入ると、住宅の被害が顕著になる。倒壊したまま瓦礫さえ撤去されていない住宅や、原形をとどめていても赤紙（行政により倒壊の危険が高いと判断された建物に貼るもの）が貼られている住宅が目立った。空港へ続く山道に入ると、法面崩壊や路肩の崩落なども見られた。街の復興はまだ始まったばかりという印象だった。そんななか、のと里山空港では定期便が運航を再開して、レストランも営業を再開しているのだ。いかに空港の復旧が迅速だったかが分かるだろう。

ターミナルビルは、4階建てである。出発も到着も、羽田便が一日1便（訪問当時。震災前は2便あったが、1便での定期運航再開だった）だけなのに、ずいぶん大きな建物である。1階がチェックインカウンターと到着ロビー、2階に出発ロビー。ここまではほかの地方空港と変わらない。しかし、3階にはレストランと見学者デッキがあるほか、奥能登農林総合事務所と奥能登土木総合事務所の分室が入っており、4階は奥能登行政センターになっている。ターミナルビルは空港と行政機関の庁舎による合築であり、これは全国初の取り組みなのだという。

加えて、のと里山空港は全体が「のと里山空港」として道の駅に登録されている。同様のケースとしては、秋田県の大館《おおだて》能代《のしろ》空港の例がある。しかし、大館能代空港は1998年の開業から12年後の2010年に道の駅に登録されたのに対し、のと里山空港は2003年の開業と同年（翌月）に登録。道の駅に登録された空港としても全国初なのである。まさに地域振興の核となる施設であり、なおのこと復旧が急がれたのだろう。

ターミナルビル内には、「負けとられんじゃ！」と書かれた横断幕が掲げられていた

さて、レストランあんのんは、滑走路側の壁がガラス張りになっており、滑走路を見渡せる開放的な店である。ぜひ窓際の席で……と思っていたのだが、訪問時には窓際の席がすべて先客で埋まっていた。全体的に混雑していたわけではなく、フロア中央のテーブル席は空きが目立つのに、窓際の席だけが埋まっていた。

よく見ると、こちらに背を向けている先客たちは全員同じ上着を着ており、背中には「ＡＮＡ」の文字。航空会社の職員たちだ。後から入って来た客のうち何人かは作業服姿だったが、レストランスタッフや航空会社の職員とも気さくに声をかけ合っており、彼らも空港関係者であることが一目瞭然だった。

のと里山空港は、山の中にある。周辺に飲食店やコンビニエンスストアなどはない。ターミナル内のレストランが唯一、空港近辺で食事をとれる場所なのである。たとえ乗客が少なくても、職員たちの仕事は日々発生する。航空機を運航再開するためには、レストランの営業再開も必要不可欠だったのだろう。

窓際の席は職員たちに気持ちよく使ってもらうことにして、私はフロア中央のテーブル席へ。ご当地メニューといっていいだろうか、日本で漁業として成り立つほど獲れるのは富山湾だけというシロエビを使ったかき揚げをトッピングする「白えびかき揚げそば」の食券を購入。より能登地方らしさを感じる「中島菜《なかじまな》うどん」の設定もあったのだが、訪問時には売切れランプが灯っていた。中島菜の産地である七尾市中島町周辺も地震で大きな被害を受けており、仕入れができなくなっているのだろう。

シロエビのかき揚げは、揚げたてで提供。野菜かき揚げの上にシロエビを5尾ほどのせたようなかき揚げで、質量としては野菜のほうが多い。それでも、想像以上に香ばしさが際立っていた。殻ごと食べるパリパリした食感も印象的だ。

駅そばでも、シロエビのかき揚げには出合える。金沢駅「加賀白山そば」、富山駅「越中そば」、第1章のコラムで紹介した立山駅「アルペン」などで扱っている。いずれも、

飛行機型のカマボコを添えた、白えびかき揚げそば。これほど強く視覚に訴える演出は、ほかにないだろう

野菜かき揚げにシロエビをのせるタイプの天ぷらだ。一度、シロエビだけの天ぷらを食べてみたいものだが、駅そばで実現させるには値が張りすぎるだろうか。空そばなら駅そばより高値でも納得してもらえそうだから、少々高くなっても売れるのではないだろうか。少なくとも私は、1200円くらいまでなら奮発する用意がある。

つゆは関西風で、ネギは白。第1章や第2章でも述べたように、東海道方面では、東西折衷エリアの駅そばは「関東風つゆ＋青ネギ」の組み合わせ。しかし、北陸方面では「関西風つゆ＋白ネギ」と真逆になる。つゆとネギの境界線は、「X」

の字を描いているのだ。そして駅そばでも、石川県は全域が折衷エリア。ＢＴそばに続いて、空そばの世界も駅そばの境界線に準拠すると考えてよさそうである。

## カマボコまで味わい深い宇和島うどん【愛媛県】松山空港「うどん処 マドンナ亭」

愛媛県は、東端の四国中央市から南西端の愛南町《あいなん》までが２１０キロメートル以上離れている（国道11号線と56号線の合算により算出）。２１０キロメートルというと、東京の都心から埼玉県や栃木県を縦断して、福島県に入ってしまう（国道４号線で算出）。いかに長いかが分かるだろう。

これだけ距離があると、端と端とでは言葉も文化も異なり、相互の交流は限定的なものとなる。愛媛県南部の宇和島《うわじま》市出身である私の母は、

「日常的に親交があるのは八幡浜《やわたはま》までで、大洲から北へはあまり行くことがなかった。ましてや松山まで出るとなれば、小旅行の感覚だった」

と言っていた。

東予《とうよ》、中予《ちゅうよ》、南予《なんよ》。愛媛県は文化的に３つの地域に分かれており、それぞれ独自の発展を遂げてきたのだ。

にもかかわらず、中予地域にある松山空港ターミナル1階で営業する立ち食い形式の空そば（うどん）の「うどん処 マドンナ亭」では、南予の地名を冠した宇和島うどん（巻頭カラー写真参照）が1番人気になっているという。お品書きを見ると、トッピングは「じゃこ天・かまぼこ・わかめ・天かす・ネギ」とある。青魚を骨や皮ごとすり潰して素揚げしたじゃこ天は、ひと口大にカットしたものをふた切れのせる。これとは別に、じゃこ天を1枚まるごとのせるじゃこ天うどんもあり、こちらは2番人気。南予の郷土料理であるじゃこ天を使ったメニューが、1位と2位を独占しているのだ。駅そばの世界でも、松山駅の「かけはし」はじゃこ天の実演販売コーナーを併設しており、揚げたてのじゃこ天が人気を博している。駅でも空港でも人気となると、もはやじゃこ天が松山のご当地グルメであるかのように錯覚してしまいそうである。

私が全国の駅そばを巡るようになった1990年代には、母は

「本場のじゃこ天は中予（松山市周辺）ではなかなか食べられない」

と言っていた。実際、松山市内のスーパーマーケットなどを覗いてみても、「じゃこ天」の名で売られている商品はふんわりとやわらかいものが多かった。皮や骨がジャリッと歯に触る南予のじゃこ天のイメージからは遠く離れていた。どちらかというと、さつま揚げ

に近いものなのだ。当時存命だった私の祖母も宇和島市出身であり、

「松山のじゃこ天はんもない（美味しくない）」

と言って、あまり口にしたがらなかった。当時、本場のじゃこ天は、八幡浜市以南でないとなかなか手に入らなかったのだ。しかし、松山駅で実演販売されているじゃこ天は、宇和島市内の老舗カマボコ店のもの。紛れもなく本場のじゃこ天だ。では、空そば（うどん）ではどうだろうか。ほかのメニューには目もくれず、宇和島うどんの食券を購入した。

立ち食い形式だから、迅速提供が命。調理はとても速かった。あえて出入口から一番近い席に陣取る。間仕切りがない店だけに、出入口近くで食べれば到着ロビーを眺めつつうどんをすることができるのだ。

まずは、つゆを味見。第1章で「今治の醤油は甘い」と書いたけれど、ここのつゆはそれほど甘みが前面に出ていない。色も薄く、やや讃岐うどんに近いテイストであるように感じる。麺は冷凍麺なのか、愛媛県にしてはコシが強いタイプだ。

そして、じゃこ天だ。ひと切れ口に入れて、歯を入れると、途端に青魚の香りが広がり、その背後に宇和海の穏やかな夕景までもが描き出されるように感じた。的を射ているかどうかわからないが、香りが〝ジューシー〟なのだ。これは南予のじゃこ天に違いない。

ベーシックなメニューの位置づけだが、ワカメや揚げ玉もトッピングされ、なかなか豪華な宇和島うどん

2014年にオープンした新しい空そば（うどん）でも、本場のじゃこ天が食べられる時代になったのか。しみじみ思わずにはいられなかった。トッピングは1枚まるごとではなくふた切れだけだから、食べ進め方は慎重に。ひと切れは序盤に食べ、もうひと切れはしばらくつゆに浮かべておく。風味濃厚な南予のじゃこ天は、つゆに浮かべておくだけで濃厚な出汁が出るのだ。

ふた切れめを食べるのを楽しみに待つ間に、2枚添えられた半月型の紅白カマボコを口に運ぶ。首都圏で一般的に目にする紅白カマボコより少し小さく、端が波打った形状。これをひと目見た瞬間に、子ども時代の記憶が鮮烈に蘇った。毎年宇和島市の親戚からお歳暮として贈られるものと、まったく同じだったのだ。わが鈴木家では、正月のおせち重には、必ずこのカマボコが入っていた。味覚的にも、東京で一般的に売られているものとは全然違う。これまた魚の風味が濃厚に感じられ、プリプリした弾力はなくしっとりした食感。彩りのカマボコまで忠実に南予を再現してくれていたことに、感極まって涙がこぼれそうだった。

南予のじゃこ天に、南予の紅白カマボコ。これらが松山市で気軽に食べられるようになったことは、たいへん喜ばしいことだ。ただ、これだけは言っておきたい。青魚の香り豊かなじゃこ天も、しっとりした食感の紅白カマボコも、松山市ではなく南予の特産物である。だから、メニュー名にちゃんと「宇和島」を入れてくれたことに、心から感謝したい。

## 出発ロビーと到着ロビーの光と影【福岡県】福岡空港「因幡《いなば》うどん」

私は、旅をする際の移動手段は、遅ければ遅いほどよいと考えている。極端な話、最善の移動手段は、徒歩である。遅いほうが道中の楽しみは多く発生し、切れ目のない〝線の旅〟とすることができるからだ。移動が速いと、どうしても道中がない〝点の旅〟になってしまうのだ。だから、将来的に〝どこでもドア〟が発明されるようなことにはなってほしくないと願っている。

したがって、私は決して空の便を多用するタイプの旅人ではない。空港ターミナルを注意深く観察するのも、本書の企画があってこそで、初めてのことである。そして、全国の各地の空港を巡ってみた結果、

「空港の花形は出発ロビーなのだな」

という結論に至った。どの空港も、店舗の類いが充実していて華やかなのは出発ロビーで、到着ロビーはどちらかというと地味な雰囲気なのだ。考えてみれば、これは至極当然の話だ。空港へは時間に余裕をもって到着するのが一般的なので、出発ロビーで時間を潰す人が多い。だから、出発ロビーにはたくさんの店舗が連なる。しかし、到着後に空港内に長々と滞在する人は少ない。目的地へ向けて足早に出て行く人のほうが圧倒的に多いだろう。だから、到着ロビーには必要最低限の店舗しかないわけだ。

空そばと駅そばの違いとして、空そばは時間を潰したい客が多いから、ややダイニング志向が強いと先述した。しかし、それ以上に大きな違いがあることに気づいた。それは、空港ではこれから出発する人と今しがた到着した人とで動線が異なるということだ。鉄道

駅には、出発ロビーや到着ロビーという概念がない。これから列車に乗る人も、たった今列車で到着した人も、同じコンコースを歩き、同じ改札を通る。もちろん空港でも到着後に出発ロビーへ行くことはできるけれど、わざわざそれをやるのは私のような物好きくらいだろう。出発時には出発ロビー、到着時には到着ロビーを利用するのが一般的だ。

ちなみに、海外の空港では、出発ロビーと到着ロビーを相互往来できない場合が少なくない。無理に往来しようとすると、警備員に止められてしまう。私が経験したなかで一番ひどかったのはフィリピンの首都であるマニラのニノイ・アキノ空港で、一度ターミナルビルから出ると二度とビル内に戻れない。だから、ビル内に忘れ物をしたら大変だ。私の場合は、タバコを吸いたくて外の喫煙所へ行っただけなのに、警備員は「No entry」の一点張りで、断固としてビル内に入らせてくれなかった。

さて、空そばと駅そばの大きな違いが浮き彫りになったところで、出発ロビーと到着ロビーのそれぞれに空そばがある（正確には「あった」である。詳細は後に記す）空港を取り上げてみよう。博多駅から地下鉄でふた駅という抜群の利便性を誇る、福岡空港である。

中心市街地から近いために、福岡市内では超低空飛行する旅客機を頻繁に見かける。とりわけ空港への進入方向にあたる北北西に位置する箱崎や貝塚辺りでは、着陸態勢の旅客機の影がビルの壁にはっきり映るほどである。なんだかビルにぶつかりそうで怖いなと思えてくる。実際、これらの地域では建物の高さ制限が設定されている。

ターミナルビルは、2015年から5年間の歳月を費やしてリニューアルされた。第1～第3に分かれていたターミナルのうち、第1ターミナルを閉鎖。第2および第3ターミナルを統合して国内線ターミナルに改称し、国際線ターミナルが新たに建設された。このリニューアルを経て、空そばの情勢も大きく変化している。旧第1ターミナルビルと第2ターミナルビルにそれぞれ出店していた「はち屋」は閉店し、リニューアル後の国内線ターミナルビルには入らなかった。代わって、リニューアルに合わせて国内線ターミナルビル2階出発ロビーにムーディーなフードコート「ザ・フードタイムズ」がオープン。この中に、福岡を拠点とする簡易的なうどんチェーンの「因幡うどん」が入った。

フードコート内の店舗であるだけに、とてもにぎわっている。客席は充分あるけれど、テーブル席が主体だからひとり客は相席となることもしばしば。フライトのチェックインを終えた後で寄るのにたいへん便利な立地だから、混雑するのもうなずける。

メニューは、基本的には街なかの店舗と同じだが、空港限定メニューもある。価格は、街なかの店舗より高めの設定。先に書いたように、空そばは駅そばやBTそばより価格が高い傾向がある。それを如実に物語っているといえるだろう。

因幡うどんのごぼう天はちょっとユニークなものだと知っているので、肉ごぼう天そばをいただくことにしよう。レジで注文して、代金を先払い。席に座って待ち、料理ができあがったら受渡口へ取りに行く。一般的なフードコートの流れである。ただ、混雑が激しいフードコートでは、このシステムはひとり客にとってはあまりやさしくない。なぜなら、客席に荷物を置いたまま受渡口へ向かうことになるからだ。空いていればフロア全体に目が届くからあまり気にならないのだけれど、混雑していると荷物の置き引きが懸念される。貴重品を身につけておくのは当然として、ひとりで利用する場合にはなるべく受渡口から近い席を選んだほうがよさそうだ。

味覚的には、街なかの店舗と変わらない。麺は、不自然なコシはなく歯切れのよいもので、そばらしい食感。関西以西ではこのような食感の麺は珍しい部類だと思うが、福岡周辺のうどんチェーンは近年そばにも力が入っているようで、品質向上が目覚ましい。因幡うどんだけでなく、「ウエスト」「資さんうどん」「牧のうどん」といった店舗数の多いチェーンのそばは、今や東京の簡易的なそば店と比較しても美味しい部類に入ると思う。あっさりした味つけに牛肉の旨みが染み出たつゆも、文句なく美味しい。

「因幡うどん」の肉ごぼう天そば。愛嬌たっぷりのごぼう天が特徴的

そして、ごぼう天だ。因幡うどんのごぼう天は、乾燥天ぷらにスライスしたゴボウを数枚貼りつけたようなルックス。これは因幡うどんの個性になっていると思う。九州のごぼう天としては食感も香りもソフトで、食べやすい。しっかりゴボウを噛みしめて食べたい場合にはあまり向かないかもしれないが、主役は麺やつゆで、脇役としてごぼう天が欲しい場合には重宝する。九州のごぼう天は、主張の強いものが多いのだ。

このように、リニューアルによって出発ロビーはおおいににぎわうこととなったのだが、そのいっぽうでは、リニューアルのさなかに１階到着ロビーにオープンした空

惜しくも閉店した「うぃんぐ」の肉ごぼう天そば。ごぼう天の仕様は店ごとに大きく異なることが分かるだろう

そば「うぃんぐ」が、本書の執筆期間中に閉店してしまった。立ち食いスタイルで簡便性が高く、比較的空いていてすぐに食べることができた。個人的にとても重宝した店なので、たいへん残念である。あぁ、出発ロビーと到着ロビーとで、空そばの明暗がくっきり分かれてしまったか。

この一件を見ても、空そばの花形は出発ロビーであることが分かるだろう。競合店が少ない地方空港ならまだしも、飲食店が多数入っている大都市のメイン空港では、到着ロビーは空そばにとってあまり有利ではない立地であるようだ。

## ターミナルの端にある人気店【沖縄県】那覇空港「空港食堂」

第2章と同じように沖縄から1軒紹介して、本章を締めくくりたい。取り上げるのは、2003年にゆいレールが開業したことで利便性が飛躍的に向上した、那覇空港だ。

私が初めて沖縄へ上陸したのは2001年だが、このときは鹿児島から船で渡ったので、空港は利用していない。那覇空港の初回利用は、2度目の沖縄訪問となる2013年である。つまり、私はゆいレールが開業する以前の那覇空港を見たことがない。その後は沖縄を訪れるたびに「ゆいレールが開業する以前はどうやって街へアクセスしていたのだろうか?」と疑問に思うほど、ゆいレールは必要不可欠なものだと実感している。毎回、乗車率の高さに驚かされるのだ。

朝から晩までほとんどアイドルタイムがなく、常に満員御礼。始発の那覇空港駅から乗るのは、キャリーバッグなどの大荷物を携えた旅行者が多い。彼らは各車両のベンチシートに座り、膝の前にキャリーバッグを置く。これにより車両中央部に多くのデッドスペースが生まれ、途中駅から乗る人々は扉付近で滞留することになる。2両編成での運行としたのは、空港からの乗客数の見込みが甘かったのではないか。私は、乗るたびにそう思っていた。すると、2023年8月に3両編成車両を導入。新しい車両には大型荷物置場が設けられ、デッドスペースの問題もある程度解消。だいぶ快適に空港と那覇市街を往来できるようになった。

那覇空港のレストランフロアは4階だが、ここはどちらかというとダイニングタイプのレストランが多く、沖縄そばを提供する店はあっても空そばの感覚から少し外れる。フライトのついでに気軽に利用するという観点から、空そばは出発ロビーの2階か到着ロビーの1階にあるのが望ましいところだ。空港の花形は出発ロビーだから、まずは2階を探訪してみる。すると、フードコート形式の「ロイヤルスナックコート」で沖縄そばの扱いを確認。これはサッと寄って手軽に食べられる店なので、もちろん空そばに認定できる。

しかし、どうにも私の食指が動かない。那覇空港は観光客の利用が多いから、グループ客が多く、ファミリーレストランのような雰囲気なのだ。私は、もう少しノスタルジックな雰囲気というか、ひとり客が気兼ねなく入れる店のほうが好きなのである。

そこで、空港の〝花形〟ではない階下の到着ロビーに向かってみる。出発ロビーには観光客が喜びそうな華やかな店があり、ノスタルジックな店は階下の到着ロビーにあるのではないかと考えたのだ。そしてエスカレーターで1階に下りてみると、沖縄そばを提供する飲食店が2軒見つかった。到着ゲートのすぐ脇にある「そば処 琉風」と、空港利用者

ターミナルの端で、通行人の少ない場所にある「空港食堂」。それなのに、店内はいつも大盛況だ

のメイン動線から外れた南側の端っこにある「空港食堂」。このうち、そば処 琉風は、ピカッと明るく流行りのラーメン店のような雰囲気。空港食堂は、昔ながらの大衆食堂のような雰囲気。私がどちらの店に入ったかは、本書を最初から読み進めてきた方ならたやすく想像できるだろう。もちろん、空港食堂だ。

店内に入ると、すぐ正面に券売機。第2章で紹介した新川営業所の「ターミナル食堂」で食べ逃したポーク玉子そばを見つけて、迷わずボタンを押す。すると、すぐに若い女性店員が歩み寄ってきて、食券をもぎって、半券を渡してくる。こちらから受渡口まで行って厨房内のスタッフが食券をもぎるのではなく、客席フロアに食券もぎりのスタッフが立っているのだ。このスタイルをとる店は、客数が極端に多い店である場合が多い。店内を見渡すと、昼食にはまだ早い時間帯だったにもかかわらず、テーブル席も横並びの席も半分以上が先客で埋まっていた。

席に着いて待っていると、先ほど食券をもぎった女性店員が肉声でできあがりを告げる。半券を持って取りに行くと、フロア内に出された小さなテーブルの上に、私のポーク玉子そばがぽつねんと置かれてあった。どうやら、徹底して客が厨房前に立ちふさがるのを避けているようである。厨房前をウロウロされたら邪魔になるくらいに、客の回転が速い店なのだろう。

ようやく、ポーク玉子そばとご対面だ。三枚肉をのせない〝かけそば〟に、薄く焼いた玉子と厚切りのランチョンミート。ボリューミーではないけれど、なかなか愛嬌のあるルックスではないか。第一印象は、

「なんだか食品サンプルみたいだな」

だった。玉子焼きの黄色と紅生姜の赤が鮮やかすぎて、玩具のような色合いだと感じたのである。

ポーク玉子そばは、麺料理にはあまりない黄色と赤の色合いが特徴的。緩くちぢれた麺は、ツルツルした舌触りで喉ごしがよい

食べてみると、これが意外なほど美味しい。ランチョンミートはフライパンで片面だけ焼いてあるので、上側の表面はカリカリ、下側はハムのようにしっとり。塩気があるので米が欲しくなる味わいだが、カツオ出汁を利かせた沖縄そばのつゆとの相性も悪くない。そして、玉子焼き。玩具のようだと感じたのは、焦げ目がほとんどないからだった。黄色の〝ベタ〟といってもいい色合いなのだ。薄焼きなのにふんわりした食感に仕上がっており、調理人の技量の高さがうかがい知れる。

半分ほど食べ進めたところで、卓上のコーレーグース（泡盛に島唐辛子を漬け込んだ沖縄に特有の調味料）を数滴垂らす。

アルコールと辛みのツンとした刺激が加わることで、丼全体の味わいがキリッと締まる。コーレーグースを加えるとカツオ出汁の香りがややかき消されるので、最初からドバドバ入れるのはあまりオススメしない。つゆの味わいをしっかり楽しんでから入れるのがベストだと思う。

沖縄そばはどこで食べても美味しく、私はこれまでに一度も〝ハズレ〟に当たったと認識したことがない。ただ、近年では昔ながらのカツオ出汁を前面に感じるつゆではなく、豚骨を強めに煮出してラーメン寄りの味覚に仕上げる店が増えてきているような気がする。それはそれで美味しいと思うけれど、あまりラーメンに近いものになるともはや〝沖縄そば〟とは別の料理に思えてくる。やっぱり私は、カツオ出汁が前面にあって、豚骨はその背後でカツオを引き立てるくらいのバランス感のつゆが好きだ。新川営業所でも那覇空港でも、私好みのつゆに仕立てる店に出合うことができた。もしかしたら、私はとても運がよい人間なのかもしれない。

## [空そばコラム] 保安検査場内の空そばは、簡易的でも大行列

【千葉県】成田空港「ANA FESTA」

本章で取り上げた空そばは、いずれも保安検査場の外にある店である。空港では、保安検査場内には飲食店がない場合が多い。大都市のメイン空港などには保安検査場内にも飲食店があるけれど、立ち寄れるのは出発時のみで、到着時には利用できない。だから、本編では意図的に保安検査場内の店を避けて紹介店をセレクトしている。

空港の保安検査場内は、鉄道駅の改札内のようなもの。いよいよ搭乗という臨戦態勢下で食べることになり、その特異性は際立っている。まったく触れることなく本書を完結させるのは惜しいので、章末コラムで1軒取り上げて、少しだけ考察を加えておきたい。

成田空港第1ターミナルの国内線保安検査場内（南ウイング2階）には、飲料や菓子などを販売する売店「ＡＮＡ ＦＥＳＴＡ」があり、ここで簡易的なそば・うどんを提供している。もはや厨房とは呼べないほど狭いスペースで、冷凍麺を引き出し式のレンジで解凍し、紙製の使い捨て容器に盛りつけて提

立ち食い席（右）の下がゴミ入れになっている。食べ残しがある場合は、厨房に返却

供。そばメニューは、かけ、えびかき揚げ、カレーの3種類。ほかに、焼きそばやカレーライス、スナックフードなども扱う。

そばの注文客と売店商品の購入客は、同じ列に並んで順番を待つ。飛行機の搭乗時間が近くなってくると、この行列は30人ほどにまで達していた。わずかな時間でこれだけ多くの客に対応しなければならないのだから、店内は大忙しだ。万が一にもそばを食べている間に出発してしまったら、取り返しがつかない。列車のように「次の便を待てばいいや」では済まないのだ。

保安検査場内では、使い捨て容器が主流。紙製は珍しく、スチロール製のほうが多い

味覚的に特記するような要素は乏しく、とにかく簡便性に特化した一杯である。それなのに、10人ほど並べる立ち食い席は、入れ代わり立ち代わりで常時満席に近い状態。駅そばの世界では、わずかな乗換え時間にそばを食べようと、ホームの島式駅そばに客が殺到することがある。列に並んではみたけれど、先客のそばを作っている間に発車時刻が迫ってしまい、諦めてしまった経験がある人も少なくないのではないだろうか。だから、成田空港のＡＮＡ ＦＥＳＴＡでは、そば・うどんを注文した客のひとりひとりに対して「お時間は大丈夫ですか?」と確認を求めている。調理が注文に追いつかず、簡易的な調理であっても提供までに少々時間を要する場合があるためだ。空港でも、ホーム

の駅そばに似た光景が日々繰り広げられているのだ。

鉄道駅からホームの駅そばが消えていくのと同じように、保安検査場内の空そばは減少傾向である。本書の執筆に当たり、過去に食べたことがある店をいくつか再訪問してみたものの、ほとんどが喫茶コーナーなどに変わっていて麺類の扱いは終了していた。成田空港のＡＮＡ ＦＥＳＴＡを見る限り、決して需要がないわけではない。にもかかわらず数が減っていく背景にあるのは、閉店理由が各店舗の都合だけではないからだと思う。鉄道駅ホームの駅そばが減少する理由が「売れないから」だけではないのと同様な気がする。

# 第4章

## 海そばの世界

フェリーターミナルのそばは、
短時間でも「開いててよかった」

## 海を越えれば、海そばも変わる　【北海道】函館港「海峡日和」　【青森県】大間港「海峡日和」

駅、バスターミナル、空港。これまでに紹介してきたのは、いずれも徒歩や公共交通機関を利用する人々が主たる客層となるターミナルだった。しかし、最後に取り上げるのは少し異質な公共交通ターミナルである。もちろん徒歩での利用も可能ではあるが、トラックやマイカー、バイクなど車両を含めて利用する人が多い、フェリーターミナルである。そして、フェリーターミナル内やその周辺で営業する簡易的なそば店を、象徴的な意味を込めて〝海そば〟と名づける。

最初に、海そばの定義について少し補足しておく。対象となるのは、海上を航行するカーフェリーが中心となるが、高速ジェット船など車両の航送を伴わない徒歩客専門の乗船場も含めることとする。また、結果的に本書内では登場しないが、海ではなく河川や湖沼を航行するものも対象に含まれるべきだと考える。ただし、移動を主目的としない遊覧船や川下りなどは、含まない。定義を端的に述べるなら、「移動を主目的とする船舶の乗下船場に付随する簡易的なそば店」ということになろう。なにしろ初めての試みなので、論理に綻《ほころ》びが生じてしまう部分もあるかもしれないが、以上を踏まえたうえで読み進めていただければ幸いである。

最初に取り上げるのは、北海道の函館港と青森県の大間《おおま》港を結ぶ津軽海峡フェリーである。津軽海峡フェリーは室蘭港や函館港と青森港との間でも運航されており、大間港より青森港のほうが利用者は多い。しかし、青森港のターミナルには海そばがないので、今回は函館港・大間港間の航路を取り上げたい。

函館港は、中心市街地から北へ6キロメートルほど離れており、鉄道の最寄り駅は道南いさりび鉄道の七重浜《ななえはま》駅である。車両航送を伴わない徒歩乗船客は、七重浜駅から20分歩くか、函館駅からバスやタクシーを利用してのアクセスになる。函館港に限らず、フェリーターミナルは市街地からやや離れた場所にあることが多い。そのため、ターミナル周辺で飲食需要を満たすことが難しく、海そばは駅そばやBTそばより空そばに立地的性格が近いといえる。

営業形態の特徴としては、海そばはフェリー運航会社の直営であることが多い。もちろんテナントが入っているケースもあるが、直営のほうが多い。察するに、フェリーは鉄道やバスに比べて便数が少ない場合が多く、とくに長距離フェリーなどは一日1便や週3便といった設定になっていることもしばしば。飲食需要が発生するタイミングはほぼ乗下船時に限られるので、フェリーターミナルにはテナントが入りにくいのだろう。運航会社が独自に乗客の便宜を図っている場合が多いのである。

函館港の海そば「海峡日和」も、津軽海峡フェリーの直営である。4階建ての大きなターミナルビルの1階で営業しており、窓越しに待機中の大型船舶を眺めながら食事を楽しめる。空そばでも滑走路を眺めながら食事を楽しめる店が多かったが、海そばはなにしろ船体までの距離が近い。臨場感は、海そばに分がある。

ラーメンやごはんものには、海鮮塩あんかけラーメンや海峡サーモン丼など、ご当地感のあるメニューが多数連なる。しかし、そばメニューはたぬきそばのみの提供となっていた。実はこれも海そばの特徴のひとつで、そばメニューはシンプルなラインナップであることが多いのだ。ラーメンやごはんものは、観光客も多く利用する。だから、ご当地感を演出したメニューが多数設定される。いっぽう、そば・うどんは、長距離トラックドライバーなどの利用が多い。彼らは、乗船手続きを済ませたら速やかに車両へ戻りたいので、ターミナル内での食事はサッと手早く食べられることを重視する傾向があるといえる。なかには観光客向けにそば・うどんの創作メニューを用意している海そばもあるが、実際に現地で周囲の客を見てみると、よく売れているのはベーシックなメニューのようである。

函館港のたぬきそば。鳴門巻きひとつで北海道らしさが演出される。細かいところまで、要チェックなのだ

海峡日和のたぬきそばも、揚げ玉をのせただけのシンプルなものだ。しかし、そのなかにも北海道らしさはしっかりと表現されている。それが、赤い縁取りの入った鳴門巻きだ。これは北海道に特有のものだ。函館港でこの鳴門巻きが提供されるということは、函館港店では食材を道内で仕入れているということになる。それなら、大間店ではどうなのか。俄然楽しみが増してくる。

大間港との違いを探るためにも、シンプルなたぬきそばをじっくり味わってみよう。麺は、意外にもそばの香りがしっかり感じられるものだった。簡便性に特化したメニューだろうから、ありあわせの冷凍麺で済ませているのではないかと思っていた。カツオ系と昆布の出汁のバランスがとれたつゆも含め、きちんと作り込まれた印象の一杯だった。

函館港から大間港までは、1時間30分の船旅。私を乗せた「大函丸」は、夕刻の津軽海峡を縦断して、定刻どおりに大間港へ入港した。大間港ターミナルの海そば「海峡日和」は14時30分までの営業なので、午後発便で到着した場合には食べることができない。一般的に、海そばは乗船前に食べるものであり、到着時刻より出発時刻に合わせて営業することが多い。車両を航送する人たちは、到着時には車両に乗り込んで下船し、ターミナルビルには寄らずにそのまま街へ出て行く。下船時の需要は、徒歩乗船客に限られるのだ。

物好きな私は大間町内で1泊し、翌朝再度大間港ターミナルへ向かう。ターミナルの建物は、函館港に比べるとかなり小さい。コンパクトな造りの2階建てで、1階にチケットカウンターがあり、2階は待合室だ。そして、その待合室の片隅で、海峡日和が店を開けている。

なにはさておき、気になるのはメニューである。函館港では、観光客が喜びそうなラーメンやごはんものに、トラックドライバー御用達と思われるシンプルなそばメニューという構成だった。果たして、大間港はどうか。

こちらのそばメニューは、3種類だった。函館港で提供していたたぬきそばは入ってお

大間港のかき揚げは、タマネギとニンジンで構成。空気を包むように揚げ、嵩のあるかき揚げに仕立てている

らず、メニューに名を連ねているのは、かけ、月見、かき揚げ。ラーメンもシンプルな構成である。ごはんものにはご当地感のあるメニューがいくつか設定されていたが、みそ貝焼き定食など青森県の郷土料理が主体。メニューは、函館港と大間港でそれぞれ独自に構成されていた。

ということは、大間港で食べるそばには、赤い縁取りの鳴門巻きはのらないはず。そう思いつつ、かき揚げそばを注文。案の定、2分ほどでできあがったかき揚げそばには、鳴門巻きは添えられなかった。それどころか、よくよく見ると薬味のネギの刻み方まで違うではないか。函館港ではみじん切りだったが、大間港では斜めの輪切りだった。海そばの場合、発着するターミナルは海を隔てることになるので、同一の事業者が営む店でも仕様の統一はなかなか難しい。各店舗が独自に仕入れを行ってメニューを構成したほうが、合理的なのである。この点も、駅そばとは大きく異なる部分だろう。

かき揚げは、揚げたての提供でアツアツだった。醤油の香ばしさが前面に立ったつゆもアツアツで、すぼめた口から息を吹きかけ、冷ましながら食べ進める。私が訪れたのは5月だったが、この日は北寄りの風がとても強く、真冬を思わせるほど寒く感じた。店員が言うには、

「大間は半島の突端だから、風の強い日が多いです。でも、今日はまた一段と強いわね」

とのこと。寒さに震える両手で温かい丼を包み込む。これは至福のひとときだ。強い北風は、そばを美味しく食べるために天から授かったものだと考えれば、むしろありがたいとも思えるのだった。

## 変則的な営業時間も、海そばならでは

**【秋田県】秋田港「みちのく」**

**【京都府】舞鶴《まいづる》港「舞鶴ショップ」**

続いては、長距離フェリーのターミナルを覗いてみよう。本州と北海道を結ぶ長距離

フェリーには、大きく分けると太平洋航路と日本海航路がある。太平洋航路は、名古屋、大洗、仙台と苫小牧《とまこまい》を結ぶもの。日本海航路は、舞鶴、敦賀《つるが》、新潟、秋田と小樽、苫小牧東を結ぶものだ。今回は日本海航路から、新潟と苫小牧東を結ぶフェリーが途中で寄港する秋田港と、小樽との間で直行便が運航されている舞鶴港を取り上げてみたい。

秋田港は、秋田市街から北西に少し外れた場所にあり、一番近い鉄道駅は土崎《つちざき》駅となる。しかし、1994年にフェリーターミナルのすぐ近くに高さ143mの秋田市ポートタワー「セリオン」が開業してから観光客が多く訪れるようになり、〝市街の外れ〟のイメージが払拭された。タワーを含む一帯は、2010年には「あきた港」として道の駅にも登録されている。また、それに先立って2005年には同名でみなとオアシスにも登録。みなとオアシスとは、港湾を中心とした地域活性化を目的として国土交通省が登録するもので、駐車場、トイレ、商業施設、情報提供施設などが整備される。多少語弊があるかもしれないが、〝港湾版の道の駅〟だと考えれば分かりやすいだろうか。みなとオアシスや道の駅が港湾近くに整備されれば、乗船時間よりだいぶ早く到着してしまったトラックが周辺道路の左側車線で長々と待機停車することはなくなり、港湾周辺の道路事情は大幅に改善される。みなとオアシスは、道の駅ほど多くはないが、全国各地に整備されている。本

である。書でもこの後でまだまだ登場してくるので、頭の片隅にとどめておいていただければ幸い

さて、秋田港は、長距離フェリーのターミナルだけあってトラックの利用割合が多いようで、駐車場がたいへん広くとられている。その一角からスロープが突き出て、岸壁のところで寸断されている。船舶の車両甲板が、地上2階に相当する高さにあるようだ。これはなかなか珍しい光景かもしれない。

ターミナルビルは、2階建て。このうち待合所がある2階で、売店を兼ねた新日本海フェリー直営の海そば「みちのく」が営業している。私は朝の7時半過ぎに訪問したのだが、この時間ですでに営業していた。この店の営業時間は、なんと午前4時30分から8時35分までなのである。一日の営業時間は4時間ほどしかなく、しかも早朝だけ。私が訪問したときには先客はおらず、後からやって来る客もなかった。それは、利用者がいないのではなく、すでにピークタイムを過ぎていたためだった。フェリーが秋田を出港するのは、苫小牧東行きが午前6時15分、新潟行きが午前8時35分。だからこそ、早朝のみの営業となっているのだ。主に出港時刻に合わせた営業時間設定。これもまた、海そばの大きな特徴のひとつである。

窓のサッシが多少視界を遮るものの、船までの距離が近いだけに入港シーンは大迫力

ここでは、手すきとろろ昆布そばをいただくことにした（巻頭カラー写真参照）。窓際の席で食べている間に、苫小牧東発新潟行きの大型フェリー「らいらっく」が入港。これに乗る人々は、すでに食事を終えて車両に戻った後なのだろう。窓越しに大型フェリーの入港シーンを眺めながらそばをするのは、言葉では語り尽くせぬほど旅情に富む。これは、海そばでしか楽しめない光景だ。秋田港は埠頭周辺の海が防波堤に囲まれていて狭くなっているため、大型船舶は港内での転回ができない。そのため、らいらっくは防波堤の外で転回し、後進して埠頭に接岸する。秋田港は、なかなか操舵難易度の高い港なのではないだろう

舞鶴港「舞鶴ショップ」はカウンタースタイルだが、配膳してくれる。食器の返却も不要。写真はかき揚げそば

か。

こんなシーンを眺めながら食べるのだから、そばも美味しいに決まっている。とろろ昆布は、天然のがごめ昆布を使っているとのことで、粘りがとても強い。そして、昆布との相性が抜群の梅干しをひとつまるごとトッピング。これも泣かせる演出だ。思いのほか薄味のつゆに少々驚きながらも、徐々に昆布の旨みが広がっていき、食後には確かな満足感が得られた。ちなみに、彩りで添える鳴門巻きは、一般的な白地に赤渦のもの。赤い縁取りはない。

秋田港から南西に800キロメートル近く離れた舞鶴港にも、新日本海フェリー直営の海そばがある。ターミナルビルの1階、チケットカウンターの向かいで営業する「舞鶴ショップ」である。2階の待合ロビーではなく1階での営業なので、短時間でサッと寄って食べるのに適した店だ。反面、海側を向いていないため船舶を眺めながらの食事はできない。簡便性に重きが置かれた店である。

こちらは、夜間帯の訪問となった。なぜなら、営業時間が18時から21時（ラストオーダー）までだからだ。日中はまったく営業していないのだ。その理由は秋田港と同じで、小樽行きのフェリーの出航時刻が23時50分だからである。

秋田港より手狭な店舗だが、私が訪問した19時半頃には、ちょこちょこと入店する客があった。殺到するわけではないが、ひとり食べ終えて出ていくとまた新たな客が入ってくるといった具合に、なんだかんだで利用者が途切れることはなく、店内には常に2～3人の客の姿があるという状態。

そばメニューは、かけとかき揚げのみ。かけそばでは少々寂しいので、かき揚げそばを注文。待つ間にメニュー表を眺めてみると、小樽あんかけ焼きそばや単品の「ざんぎ唐揚げ」など、舞鶴のものではなく北海道の名物が名を連ねていることに気づいた。津軽海峡フェリーでは渡航先の名物は用意されていなかったのだが、新日本海フェリーでは用意がある。この違いはきっと、短距離フェリーと長距離フェリーの違いに由来するのではないだろうか。舞鶴から小樽までは、20時間を超える船旅である。長時間かけて向かう先の情景を思い描いて旅情を高めるには、充分すぎるほどの時間がある。その旅情高揚にひと役買うメニューとして、北海道の名物を置いているのだと思う。ちなみに、北海道では鶏の唐揚げを「ざんぎ唐揚げ」とは呼ばない。呼称は「ざんぎ」だけである。ただ、メニュー表に「ざんぎ」とだけ書いても、舞鶴の人々は内容が分からない可能性がある。親切心から、二重表記のような書き方になっているのだろう。

揚げたてのかき揚げは、タマネギよりニンジンの分量が多く、赤々とした個性的なもの。しなやかで少しザラッと舌を撫でる食感の麺も、簡易的なそばとしては充分な美味しさだ。そして、秋田港では鳴門巻きだった彩りが、2枚の紅白カマボコになった。駅そばの世界では、西日本では紅白カマボコを1枚ではなく2枚のせる店が多い。この傾向は、海そばの世界にも当てはまるのか。この後に取り上げる店でも注意深く見ていきたい。

## これは稀少!? ターミナルの外にある海そば
### 【神奈川県】横浜港（大さん橋）「全日本海員生活協同組合 立ち食いコーナー」

続いては、少し異色なターミナルを取り上げてみよう。「飛鳥Ⅱ」や「ダイヤモンド・

プリンセス」をはじめ豪華なクルーズ船が寄港することで知られる、横浜港大さん橋国際客船ターミナルだ。海路での出入国の場として広く認知されており、国際航路を航行する船舶が寄港する際には出入国審査場や税関などが設営される。ターミナルビル内には各種ショップやレストランも揃っており、クルーズ船入港の有無に関係なく毎日営業している。

不定期運航のクルーズ船が発着するターミナルを、本書内での海そばの定義「移動を主目的とする船舶の乗下船場に付随する簡易的なそば店」に含めてよいかどうかについては、少々見解が分かれそうである。乗下船が可能なのであれば「移動を主目的とする」と認められるようにも思うが、不定期のクルーズ船が認められるのであれば、クルーズ船が一度でも寄港したことがある港はすべて対象とみなさなければならなくなる。この場での結論の明言は避けたいところではあるが、心情的には定期船に限定するべきではないかと考えている。だとすると、横浜港大さん橋国際客船ターミナルを本書で取り上げるべきではないとの見方も出てくるかもしれない。

しかし、実は大さん橋には定期船も就航しているのである。それは、東京（竹芝桟橋）と伊豆諸島を結ぶ東海汽船の大型客船「さるびあ丸」。一部の便（主に金曜・土曜発の夜

作業服姿で、自転車に乗って食べに来る人が多い。海とともに生きる人々の生活に溶け込んだ店

行便、時期により運休あり）が横浜大さん橋に寄港するのだ。夜遅くの寄港であり、その時間帯にこれから紹介する海そばは営業していない。しかし、海そばについて考察するうえでとても重要な店であり、どうしても本書で取り上げておきたいので、定期船の発着があることを根拠として対象に含めさせていただきたい。

　店があるのは、ターミナルビル内ではない。ターミナルを出て、桟橋を市街方面へ歩いていくと、横浜税関監視部分庁舎の手前左手にある。いわば、桟橋の付け根部分だ。椅子を置かない立ち食い専門の簡易的な店で、出入口のガラス戸には「ＫＡＩＫＹＯ」と表示。

ワイルドなルックスが店の雰囲気と絶妙にマッチした、肉そば。肉の味つけは、意外なほどあっさり

先に津軽海峡フェリーの「海峡日和」を取り上げていることもあり、この表示名から〝海峡〟を連想した人が多いかもしれない。しかし、この表示の由来は、海峡ではなく〝海協〟である。港湾や船舶に関連する事業者らが出資して設立した「全日本海員生活協同組合」が運営する店なのだ。正式な店名は、「全日本海員生活協同組合大桟橋店 立ち食いコーナー」である。大さん橋やその周辺の港湾で働く人々の便宜を図る店という位置づけであろう。もちろん、非組合員の一般客も利用可能だ。

第3章でのと里山空港を取り上げた際に、空そばは空港職員や航空会社の職員にとっても貴重な存在だと書いた。これは、市街地から離れた立地であることが多い海そばにも共通していえることである。港湾周辺には飲食店などが少ない場合が多く、日常生活に海そばが欠かせないのである。

働く人々が多く集まる店だから、安定的な味わいのベーシックなメニューが多い。私はこれまでに何度か訪問して、カレーライスと肉そばがよく売れている印象を抱いていた。だから、今回は肉そばを食べてみることにしよう。

関東の肉そばは、豚肉。やっとこれを実証できるときが来た。肩ロースやモモのこま切れ肉を使用する店が多いなか、この店では厚切りのバラ肉を使っていた。あらかじめじっくり煮込んであるため余分な脂は抜け、あふれる旨みはそのままにさっぱりした後味に仕上げてある。ボリューミーでありながら飽きが来ない、絶妙な肉そばである。サッと湯がくだけで提供できる、クラシカルな茹で麺。肉体労働に勤しむ人々を意識しているのか、塩気を強く感じる濃いめのつゆ。すべての要素に、海そばらしさが表現されているように感じた。海そばらしい立ち食いそばにして、立ち食いそばとして美味しい店。桟橋と街の境目付近にある店だけに、海そばと街なかの立ち食いそばの利点を合わせたような印象だった。

ホームの駅そばのようなノスタルジーを感じさせる新潟港の店舗。立ち食いも可能な造りではある

## 離島でも楽しめる海そば巡り

### 【新潟県】新潟港「のりば食堂しおさい」
### 両津港「のりば食堂しおさい」

本書は駅そばの考察に主眼を置いているのだが、個人的には比較考察するために訪問したBTそばや空そば、海そばの訪問取材がとりわけ楽しい企画となった。駅そば限定の企画だと、鉄道が走っている地域しか探訪することができない。鉄道が通っていない地域や離島などは、なかなか訪問する機会に恵まれないのだ。今回は、これまで未踏になっていた地域を多数巡ることができ、たいへん充実した日々を過ごさせていただいた。

なかでも、歴史的な金銀山の世界遺産登録が決まった佐渡島の探訪は、とくに印象深いものだった。東京から夜行バスで新潟まで行き、新潟港から午前のフェリーで佐渡へ渡り、取材を終えたら夜のフェリーで新潟港へ戻る。そして再び夜行バスで東京へというタイトなスケジュールだったが、船旅は移動自体が楽しいので、帰着後の充足感がとても高かった。

新潟港までは、新潟駅から徒歩で30分ほどかかった。第2章で紹介した万代シテイバスセンターなどがある中心市街地を通り抜け、大規模コンベンションセンター「朱鷺《とき》メッセ」からペデストリアンデッキで直結した場所だ。先に紹介した新日本海フェリーも新潟にターミナルを構えているが、佐渡航路を運航する佐渡汽船とはターミナルが別になっている。空港などとは異なり、フェリーターミナルは運航会社ごとに設置される場合が多い。

佐渡汽船の新潟港ターミナルには、朝の7時過ぎに到着。ほどよくレトロなムードが漂う建物で、乗船券売り場や待合室、飲食店に物販店、さらには資料展示コーナーまで、すべてワンフロアに集約されている。朱鷺メッセから通じるペデストリアンデッキが同じ階に直結しているので、歩行者の動線はとてもスムーズだ。

すでに佐渡島の両津港行きの1便フェリーが出た後であり、ターミナル内は比較的落ち着き払っていた。この時間に、佐渡汽船直営の軽食スタンド「のりば食堂しおさい」がすでに店を開けている。夜行バスで到着したばかりの私は、だいぶお腹を空かせていたため、とてもありがたく感じた。駆けつけ1杯といきたいところだ。

佐渡汽船は、カーフェリーだけでなく徒歩乗船客専門の高速ジェット船も運航している。そのため、新日本海フェリーとは異なり、トラックなどの運転手が主客層とはいい切れない。同一県内の離島へ渡る航路であるだけに、佐渡から新潟市内へ通勤するサラリーマンや制服姿の高校生などの日常的な利用も多い。

客層が多岐にわたるだけに、海そばのメニューもバリエーションに富んでいた。そば・うどん、ラーメン、ごはんもの、ドリンク類に一品料理、生ビールまで揃う。そばメニューも、ベーシックなものからご当地感を演出したものまで幅広く、海そばとしては異例と思えるほどレパートリーが豊富だ。

私が選んだのは、佐渡特産の海藻であるナガモをトッピングする「ながもそば」。海そばと名づけたくらいだから、海の幸を使ったメニューが設定されていれば積極的に紹介していきたい。

ナガモの正式名称は、「アカモク」。佐渡ではナガモ、秋田ではギバサと呼ばれるなど、地方呼称が多い海藻である。水性の食物繊維を多く含むため、細かく刻むと強烈な粘り気

ナガモが麺をほとんど覆い尽くすほど大量にトッピングされた新潟港のながもそば。心ゆくまで香りに浸れる

が生まれる。のりば食堂しおさいでも、細かく刻んだものをトッピングしていた。そのため、つゆに拡散する傾向があり、つゆを飲み干さないとナガモをたくさん食べ残すことになってしまい、もったいなく感じるメニューである。プチプチと弾けるような食感に、海苔を連想させるような風味。そばとの相性もよく、とても美味しいではないか。細かく刻んで粘り気を出しているため、麺にもしっかり絡みつく。麺と一緒に味わえるのも魅力的だと感じた。

さて、腹ごしらえを済ませると、ターミナル内はいつの間にか混雑の様相を呈していた。ジェット船の出港時刻が近いようである。館内アナウンスでは、新潟県内の小学校の修学旅行生が団体で利用するため、今日のジェット船はほぼ満席だと告げている。私はもともと運賃の安いカーフェリーに乗船するつもりだったので、意に介さずにいた。

しかし、そんな私の考えは甘すぎたようである。9時25分発の2便フェリーに合わせて乗船口へ向かうと、そこには長蛇の列ができていた。列の脇には、旗を持ったスーツ姿の女性。そのそばで、若い男性スタッフが保温ケースから弁当を取り出し、列に並んだ人々に配っている。どうやら、パッケージツアーの団体客のようだ。旅に出る前に、北陸地方在住の知人から「佐渡へ行くなら、運がよければ船上からシャチが見られるよ」と教えてもらっていたが、もはやそれどころではなさそうである。

果たして、「おけさ丸」の船内は大盛況だった。シャチを見ようとデッキへ出ても、眺められるのは人々の背中ばかり。戸惑う私のすぐそばを、子どもたちがはしゃぎながら駆け抜けていく。ツアー客だけでなく、修学旅行の小学生たちもフェリーに乗船していたようだ。結局、シャチを見るのは諦めて、絨毯敷きの2等船室で横になって過ごすこととなった。

両津港も、思っていたよりはるかににぎやかだった。下船口から島のメインストリートへ通じる通路は、左右両側にびっしりと土産物店が並んでおり、どこも客がたくさん出入りしている。もっとノスタルジックな雰囲気の島かと思っていただけに、私は絵に描いたような観光地ムードに戸惑うばかりだった。

しかし、下船客がみな街へ出ていくと、ターミナルは途端に吐く息の音までもがこだましそうなほど静かになる。この間に、そそくさとシャッターを下ろす土産物店もある。そしてまた次の便の到着（または出発）時刻が迫ってくると、シャッターを上げて営業を始めるのである。ピークタイムとアイドルタイムの差が極端なターミナルである。

さて、両津港の海そばは、土産物店街と乗船口の間にある。新潟港と同じく、店名は「のりば食堂しおさい」。ただし、メニューは一部異なっていた。新潟港では、第1章でも紹介した栃尾の油揚げがラインナップされていた。それが、両津港では「朱鷺色油揚げ」となっている。そして、油揚げを含め様々なトッピングを盛り合わせる〝全部のせ系〟のメニューは、新潟港では単純に「よくばり船乗りそば」であるのに対し、両津港では「両津港よくばり船乗りそば」と地名が冠される。地名が入るメニューは全部のせ系である場合が多いという駅そばの法則は、海そばの世界にも適用できるのだろうか。

せっかくなので、両津港よくばり船乗りそばをいただくことにしよう。ボタン式の券売機（新潟港はタッチパネル式だった）で購入した食券を厨房に出し、席で待つこと2分ほ

豪華な見た目に心が躍る、両津港よくばり船乗りそば。盛りつけは、朱鷺色油揚げが一番上のほうがよいかもしれない

ど。どれが主役だか分からないほどにぎやかな一杯ができあがった。

　トッピングは、朱鷺色油揚げ、岩のり、エビ天、生卵。新潟港のよくばり船乗りそばは、朱鷺色油揚げではなく栃尾の油揚げ、そしてエビ天ではなくかき揚げのトッピングである。方向性は似ているのに、細部で仕様を変えているところが面白い。トッピングが異なるのだから、当然値段も違う。両津港よくばり船乗りそばのほうが50円高い設定になっていた。

　朱鷺色油揚げは、その名の通り朱鷺色（赤色）に染めた油揚げ。栃尾の油揚げと同じく、3センチメートルほどの厚みがある。たっぷり吸った出汁が油の旨みと混ざり合い、表面の香ばしさもアクセントとなってとても美味しい。第1章のコラムで紹介した広島駅の「がんばれカープ　赤うどん」と同様、赤い色が味覚に与える影響はほとんどない。ビジュアルを楽しむための色づけである。

そのほかのトッピングも、ほどよいコシのある麺も、とくにマイナスに感じるような部分はない。総合的にみて、ボリューム感もあってとても美味しい一杯だ。ひとつだけ残念な点があるとすれば、ナガモがトッピングされないことだ。岩のりは、都内の駅そばでも見かけることがあるもの。ナガモのトッピングは、街なかの立ち食いそば店まで視野を広げたとしても、東京で出す店は数軒しか思い当たらない。エビ天や生卵は、なおのこと全国的にメジャーなトッピングだ。せっかく佐渡まで来たのだから、佐渡らしいトッピングでまとめてほしかった。だから、美味しかったのだけれど少しだけわだかまりが残ったのだった。

次回佐渡へ来るのは、いつになるか分からない。悔いを残したくなかったので、腹具合と相談し、もう一杯食べていくことにした。ながもそばは新潟港で食べているから、ナガモとワカメ、そしてメカブを合わせてトッピングする「海藻そば」を食べて佐渡の総仕上げとしよう（巻頭カラー写真参照）。

見た目には、両津港よくばり船乗りそばよりだいぶ地味である。３種のトッピングがすべて緑色系なので、色合いのコントラストがあまりないのだ。しかし、味覚的には断然こちらのほうが私好みだった。ナガモは、新潟港と同じように細かく刻んであるので粘りが強く、生の海苔に似た鮮やかな香りを楽しめる。そして、メカブ。駅そばでもわりと使われることが多い食材ではあるが、それはたいてい細かく刻まれたものである。それが、両津港ではひと口大のカットで提供しているのだ。メカブは、ナガモと同じように、細かく刻むことで粘りが強くなる。だから、大きくカットされたメカブは、粘り気よりコリコリした食感がインパクト絶大だった。原形をとどめたメカブを見る機会は、実はあまり多くない。形状から最初に連想したのは、キクラゲだ。平たく、波打った様が似ているように感じた。一緒にトッピングされるワカメの根元の部分だということは、このルックスからはなかなか想像つかない。

帰りのフェリーは、最終の夜便になった。夜便には、ツアー客や修学旅行の小学生たちは乗り合わせていない。静かで落ち着けるのだが、外は漆黒の闇だからどのみちシャチは拝めない。結局、２等船室で横になって過ごすのだった。いざ横になってみると、子どもたちがデッキを走り回る昼便も、あれはあれで楽しかったなと思い起こされる。結論としては、船旅はどのようなシチュエーションであっても楽しいものだということだ。

## 小さな船、小さなターミナル、小さな海そば 【広島県】須波《すなみ》港「すなみ港売店」忠海《ただのうみ》港「待合所売店」

瀬戸内海は、「水平線が見えない海」といわれる。大小700もの島が浮かび、どの場所から眺めても水平線との間に島影が立ちはだかるのである。これらの島々は、古くから海運の中継点として発展してきた。また、なかには、貨物船を略奪する海賊たちが根城を築いたことで発展した島もある。

有人島には、本州本土や四国との間で定期船が就航し、島民の日常的な足として重宝されている。ひとつひとつの島の人口は少ないため、定期船は小型船で運航されるケースが多く、ターミナルも小規模である。なかには、交番のように小さな乗船券売り場がぽつんと建っているだけのターミナルもある。しかし、これらの小規模ターミナルのなかにも、海そば文化は息づいているのである。

広島県三原市の南部に位置する須波港からは、佐木島《さぎしま》の向田《むこうた》港や生口島《いくちじま》の沢港との間で弓場汽船の小型カーフェリーが運航されているほか、休暇村が整備されている大久野島《おおくのしま》へも週末限定で小型客船が出る（三原港発着の経由地）。ターミナルは平屋建てで、町内会の集会所を思わせる建物だ。その中に、乗船券窓口と待合ベンチ、そして売店「すなみ港売店」が備わっている。

すなみ港売店は、食料品や日用品などを販売する傍ら、簡易的なそば・うどんを提供している。専用席は用意されていないので、待合ベンチに腰を下ろして食べることになる。待合ベンチには、ここでそばを食べることを前提に作られたかのように、小さな荷物置き用のテーブルが備わっている。

メニューは、かけ、月見、天ぷら、きつね、わかめ、カレー、肉の7種類。小さなターミナルの小さな店にしては、よく揃えたほうだろう。当てずっぽうで、肉そばを注文してみた。ここは広島県だから、肉は牛肉だろう。もしかしたら、カマボコは2枚のるのではないか。そんなことを想像しながら、楽しみに待つ。

使い捨てのスチロール製容器で提供された肉そばは、まさに私の想像どおりのものだった。あっさりと醤油系の味つけをほどこした牛こま切れ肉に、紅白カマボコが2枚。コシはなく、軽く歯を当てただけで噛み切れる茹で麺に、塩気控えめのあっさりしたつゆ。これほど「簡易的」という言葉が似合うそばも、今のご時世では珍しいかもしれない。

すなみ港売店の肉そば。牛肉は意外とカットが大きく、食べごたえのあるものだった

あっさりしたつゆには、煮汁がつゆに染み出るようなトッピングがよく合う。甘辛く煮た肉は、その代表格だろう。きつねも相性がよさそうだ。月見なら、卵を崩して食べると美味しくなりそうに思う。

食べ終えたら、食器は専用の返却ケースに入れる。割箸も同様。すぐ隣に汎用のごみ入れがあるので、売店から出るごみだけ分別する形になる。これは少々不思議な光景だ。売店から発生したごみは売店が責任をもって処理する、ということか。

ターミナル内を見渡すと、観光客の姿はまったく見当たらない。うどんを食べる人、新聞を読む人、缶ビールで小宴を開くグループ。そのほとんどが、地元（または渡航先の

郷愁に富む忠海港待合所。この中で海そばが営業していることは、幟が立っていなければ気づかなかったかもしれない

離島）に住むと思われる高齢者だ。そばを食べる目的でわざわざやって来る人は、あまりいないように感じられた。

　須波港から西へ10キロメートルほど。竹原市東部に位置する忠海港にも、小さな客船ターミナルがある。ここから出る大三島《おおみしま》フェリーの船便は、大久野島への客船と、愛媛県の大三島（盛《さかり》港）へのカーフェリー。民家と見紛《みまが》うほど小さな待合所の内部には売店があり、そば・うどんも提供している。

　待合所は須波港より小さく、古びた印象である。にもかかわらず、利用者がほとんど地元住民と思われた須波港とはうって変わって、こちらは車で食べに寄る人や観光客が結構多い。だから、ターミナル周辺は意外なほどにぎやかで、活気に満ちているのである。

その理由のひとつに、秋田港と同様にターミナルを含めて「みなとオアシスただのうみ」が整備されていることが挙げられる。広い駐車場を擁し、レトロな待合所に隣接して2階建てのモダンなショップとカフェが新設された。若い観光客の多くは、この真新しいショップやカフェに出入りする。そのなかの一部の物好きな人たちが、「うどんそば」や「ラーメン」と記載された幟《のぼり》を見て、待合所の売店を覗きにやって来るのだ。車で寄りやすいため、軽トラックなどで食べに来る作業員風の客が多い。いっぽうでは、モダンなショップができて若年層が多く利用するようになった。この2方向からの客足増加で、忠海港はにぎわっているのである。

観光客たちは、小さな客船が入港すると、長い行列を作って乗り込み、大久野島を目指す。大久野島は「うさぎの島」として知られ、約500羽の野生のウサギと身近に触れ合うことができるので、近年若年層の間で人気が高まっているのである。ということは、週末に大久野島行きの便が出る須波港のターミナルも、週末には観光客でにぎわうことになるのかもしれない。そんなことを知らずに訪問した私は、待合所の売店で販売している「ウサギのエサ」を見て、目を白黒させるばかりなのであった。

忠海港売店の天ぷらそばにも、カマボコは2枚添える。味が濃いだけでなく、出汁もよく利いている

さて、そばをいただこう。メニューのラインナップは、須波港とほぼ同じである。価格が異なるのできっと味も違うのだろうと想像しながら、天ぷらそばを注文。店内は手狭で、客席は小さなテーブルを挟んで向かい合うベンチのみ。そばのできあがりを待っている間に作業服姿の屈強な男性４人グループが入って来たので、狭いベンチで肩を寄せ合うようにして食べることとなった。

こちらは、使い捨てではない陶製の丼での提供だった。ズッシリとした重量感があり、左手にしっかりフィットする。片手で持ったときにゆがんでしまう使い捨ての丼とは比べものにならない安定感だ。麺は、須波港と似たような茹で麺。しかし、つゆの味わいはだいぶ違った。忠海港のほうが濃く、塩辛い。もしかしたら、作業服姿の男性グループが須波港ではなく忠海港にやって来るのは、駐車場のキャパシティーの問題だけでなく、この濃い味を求めているからなのかもしれない。一般的に、重労働者は、汗をかく分だけ塩分を欲するものである。天ぷらは具材感の乏しい乾燥天ぷらだったけれど、しっかり濃いつゆを飲み干せば、体の隅々まで充足感で満たされたのだった。なお、この店では、使い捨て容器でのテイクアウトもできる。ただし、蓋のない容器なので、船内に持ち込んで食べるのは少々難しいかもしれない。

食べ終えて店を出ると、大久野島行きの客船はすでに出発した後だった。ターミナル周辺に観光客の姿はなく、ひっそりと静まり返っていた。なんだか、白昼夢でも見ていたかのような気分になった。

## みなとオアシスの整備は、幸か不幸か　【愛媛県】八幡浜《やわたはま》港「アゴラマルシェフードコート」【大分県】別府《べっぷ》港「ポートフラワー」

本章の最後に紹介するのは、愛媛県の八幡浜港と大分県の別府港を結ぶ宇和島運輸フェリーである。四国と九州を相互に往来するには海運に頼るしかなく、宇和島運輸フェリーはたいへん貴重な存在である。四国と九州を往来できる交通手段が少ないなかで、宇和島運輸フェリーは夜行便まで運航しているのだから。なお、宇和島運輸フェリーには八幡浜・臼杵《うすき》（大分県）間の航路もある（九四オレンジフェリーとの共同運航）が、ここでは別府航路についてのみ取り上げることとする。

かつては、八幡浜港にも別府港にも、レトロな海そばがあった。私が1泊の宿代わりによく利用する夜行便の時間帯には営業していなかったので私は食べたことがないのだけれど、毎回乗下船時に横目に見ながら「美味しそうだなぁ、一度食べてみたいなぁ」と思ったものだ。

しかし、八幡浜港ターミナルは2022年に新ターミナルビルへ移転し、海そばは高級感あふれる洋食レストランに生まれ変わった。サッと手早く食べられる店から、談笑を楽しみながらゆっくり時間を使って食事を楽しむ店へ。かなり極端だと思える変化だった。

その背景にあるのは、2013年にフェリーターミナルに隣接してオープンした道の駅「八幡浜みなっと」だろう。道の駅には大型車専用の駐車スペースがあり、乗船待機中の大型トラックが日夜を問わずたくさん止まっている。トラックのドライバーが、ターミナル内の海そばではなく、道の駅内の「アゴラマルシェ　フードコート」などを利用するようになったのだ。

八幡浜みなっとは、道の駅と同時にみなとオアシスにも登録されている。その意味では、秋田港に似た経緯をたどっているといえる。ただ、秋田港の場合は海そばが早朝のみの営業であり、みなとオアシスとは競合関係にならなかった。

ターミナルビル内の海そばはなくなってしまったわけだが、実は嘆くばかりの出来事ではない。八幡浜港には、九州航路のターミナルとは別に、八幡浜港から南西にある5つの島からなる八幡浜大島へ渡る田中輸送の小さな客船ターミナルもある。八幡浜みなっとは、両者の真ん中にすっぽりとはめ込まれるような形でオープンした。これにより、従来少し離れた場所にあったふたつの客船ターミナルが、八幡浜みなっとを介してひと続きになったのである。こうなると、八幡浜みなっと内でうどんを提供しているアゴラマルシェフードコートは、海そばとみなすべきなのではないだろうか。気になってしょうがないので、わかめうどんを食べてみることにしよう。

メニュー名はわかめうどんだが、ワカメの分量はあまり多くなく、ワカメと揚げ玉と紅白カマボコで丼の表面を3等分するような盛りつけ方だ。紅白カマボコは、ここでもやっぱり2枚である。麺は、愛媛県にしてはコシが強いほう。出汁はイリコのまろやかさを前

八幡浜港「アゴラマルシェ フードコート」の、安定感抜群のわかめうどん。熱烈なファンを作らない代わりに、万人の舌に合いそうな味覚

面に感じるものだった。全体的に、一からしっかり作り込まれたという感じではなく、簡便性に重きが置かれた味わいである。それでも一定の満足感を得られるのは、四国ならではの丸みのある旨み出汁のなせる業ではないだろうか。それなりに満足することはできたのだが、雰囲気に鑑みて、海そばというよりは〝道の駅そば〟だろうか。この辺りは定義づけが難しい部分になってくる。

さて、八幡浜から3時間ほどの船旅で、別府へ。別府国際観光港の宇和島運輸のターミナル（フェリー「さんふらわあ」が発着するターミナルとは別の建物なので要注意）は、同社が単独で使用するものであり、社名の入った大きな看板が掲げられている。八幡浜

“前庭”がある別府港の「ポートフラワー」。店内はカウンター席だけなので、グループ客への配慮だろう

港とは異なり昭和の面影を残した2階建ての建物が残っており、その1階で海そば「ポートフラワー」が営業している。

店舗は、ちょっと変わった造りだ。暖簾を掛けた間口があって、その中にカウンター席と厨房。だから、基本的には店内で食べる仕様なのだが、外にもテーブルを並べ、ご丁寧に柵で覆っている。イメージとしては、前庭。前庭にも客席を置いた海そばなのである。

ここは九州なのだが、四国の八幡浜との間で航路が結ばれている。そのため、メニューには九州ならではの「ごぼ天うどん」と四国ならではの「ジャコ天うどん」が同居している。発着地両方の名物を揃えているわけだ。これは、駅そばに例えるなら、東海道新幹線の東京駅で博多駅の名物である丸天うどんを提供するようなもの。イメージが湧きにくい話である。海そばでも、わりと珍しいケースだ。先に紹介した舞鶴港では北海道の名物を扱っていたが、これは長距離フェリーならではの特性だと推察した。八幡浜・別府の航路は、長距離というほど遠くない。

店員からごぼ天そばにもじゃこ天がふた切れトッピングされると聞き、両方いっぺんに楽しめるごぼ天そばを注文した。フェリー発着の谷間である午前10時。先客はゼロ。店員もこの時間に来客があるとは思わなかったのか、カウンターキッチンから奥に入ったりまた出てきたりを繰り返し、調理には少し時間がかかっていた。

その間に、初老とおぼしき男性が、ひとりで入店。店員が私のそばを作り終えると、親しげに世間話を始めた。その会話を小耳に挟むにつれ、私にはこの男性が港湾内で働いている人なのだと分かってきた。なるほど、第3章で紹介したのと里山空港と同じパターンだ。出発便も到着便もない時間帯であっても、港湾関係者の日常的な利用がある。だから、店は開けておく必要があるということか。

そんなことを考えながらすすれば、簡単に調理されたごぼ天そばにもいっそうの愛着が湧いてくる。揚げ置きのごぼう天は、縦切り。ただし、1本ずつ単独で揚げるのではなく、

海を挟んだ四国と九州のコラボメニュー。ごぼ天そばにじゃこ天をのせるという発想は、海そばだからこそ湧いたものかもしれない

数本並べて揚げている。だから、筏のような形状になる。ごぼう天は揚げ置くと固くなるものだが、私はもともと強い食感を求めてごぼう天を注文するのだから、これはこれで美味しい。そして、じゃこ天。表面のきつね色が鮮やかなので、咄嗟に「これはさつま揚げに近いものかもしれない」と思ったのだが、食べてみると青魚の香りが濃厚で、ふんわりした食感のなかにも小骨のジャリジャリ感が内包されていた。これは南予のものに違いない。少しネットリした食感の麺に、昆布の香りを強く感じるつゆ。塩気も強めで、最初のひと口でガツンと主張してくるつゆだ。全体的に、悪くない。なにより、手作り感に満ちた一杯だったのが嬉しかった。

ターミナルからは、上屋のついた通路が別府交通センターまで通じている。交通センターは道の駅のような充実した物産販売施設で、バスターミナルの機能を併せ持つ。もし、この交通センターを中心にみなとオアシスが整備されることになったら、果たしてポートフラワーは現在の形のまま存続できるだろうか。もしかしたら、八幡浜港と同じように、別ジャンルの店にリニューアルされるかもしれない。そうなったら、隣でひと休みしている初老の男性は、困ってしまうのではないだろうか。

外は、本降りの雨。もうしばらくここで雨宿りをしていたい気分ではあったが、〝線の旅〟を楽しみたい私が１か所に長く滞在することはあまりない。雨が降ろうが雷が鳴ろうが、朝から晩まで動き続ける。それが私の旅のスタイルだ。心のなかで初老の男性に「雨のなか、お仕事お疲れさまです」とつぶやき、店を後にしたのだった。

## [海そばコラム] 〝船上そば〟は、旅情とともに味わうべし

【鹿児島県】鹿児島港・桜島港 桜島フェリー「やぶ金」
【兵庫県】神戸港・【香川県】高松港 ジャンボフェリー「船内ショップ」

本書における海そばの定義は、「移動を主目的とする船舶の乗下船場に付随する簡易的なそば店」と定めた。したがって、船内で営業する簡易的なそば店は、感覚的には対象に含まれそうに思うところだが、残念ながら含められない。列車の食堂車は、駅そばに含まれない。飛行機の機内食も、空そばに含められない。であれば、船内のそば店も、海そばに含めるわけにいかないのだ。

しかし、船舶は移動速度が遅いし、列車や飛行機に比べて乗船中の行動の自由度が高い。だから、感覚的に「船上そばは海そばに含めてよいのでは?」と自問する瞬間がやって来るのだ。船上で食べるそばは情緒に富み、まったく取り上げずに本章を終えるのももったいないように思う。そこで、本編では取り上げられない話題として、章末のコラムでふたつばかり紹介しておくことにしたい。

まずは、鹿児島港と桜島港を結ぶ桜島フェリーから。24時間運航するフェリーのうち日中(8時台〜17時台。ただし、コースにより営業していない時間帯あり)の便に限り、船内で「やぶ金」というそば・うどん店が営業している。桜島フェリーの乗船時間は、わずか15分ほど。〝超〟がつくほどの短距離フェリーで、果たしてそばの需要があるのだろうかと、私は半信半疑で乗船してみた。

すると、乗船するや否や、出港を待たずにどんどん乗客が店内へ吸い込まれていく。この店は、出

港前が客の入りのピークなのだった。出港後は、むしろ空いてくる。乗船時間が15分しかないので、早めに食べてしまおうと出港前に殺到するのだろう。

私は、出港後にのんびりと「薩摩そば」をいただいた。店内に立ち食い席はあるのだが、みな丼と割箸を持って店を出て、客席やデッキで食べる。私もそれに倣って、デッキに持ち出して食べることにした。

船尾のデッキから、離れゆく鹿児島市街を眺めながらそばを食べる。スクリューにかき回された海水が白く泡立ち、まるで飛行機雲のように一文字に伸びる。すでに桜島港への到着が近いのか、白波の一文字が緩く弧を描き始めた。あまり情緒に浸りすぎるのは禁物だ。

薩摩そば。最短距離で海を感じながら、そばをすする。これ以上の贅沢はないだろう

薄いプラスチック容器に盛られたそばは、やや軽めのボリュームである。細うどんほどある太麺のそばは、もっさりとしたそばらしい食感の茹で麺。薄味ながら出汁がしっかり利いたつゆとのコンビネーションは、疑うまでもなく上々。最初のひと口である程度満足させる仕様である。トッピングは、さつま揚げと揚げ玉。15分の乗船中に食べるには、充分な味と量だった。そしてなにより、噴煙を上げ続ける桜島や錦江湾を眺めながら食べられるのは、至福の極みである。この情緒は、列車、バス、飛行機のい

ずれにも演出不可能だといっていいだろう。

ふたつめは、神戸港と高松港、小豆島《しょうどしま》の坂手《さかて》港を結ぶジャンボフェリーだ。こちらも、船内に売店を兼ねたうどんコーナーがある。乗船時間が4時間ほどある（神戸・高松間の場合）航路なので、慌てず落ち着いてうどん（そばの扱いはない）を食べられるのが桜島フェリーよりよいところ。ただし、専用席で食べることが前提となっており、客席やデッキへうどんを持ち出すことはできない。そのため、情緒は桜島フェリーに分がある。

見た目がかわいらしい、浮かぶタコ焼きうどん。今後も、新作メニューの登場に期待だ

最大のポイントは、昼行便だけでなく夜行便でもうどんを食べられるということだ。私は、午前1時神戸発の便を、1泊の宿代わりによく利用する。売店は出港後すぐに営業を始めて、夜行便の場合は1時間程度（高松発の夜行便は2時間程度）で営業を終える。だから私にとっては、出港してひと息ついたらうどんを食べに行き、食べ終えたら絨毯敷きの2等船室で横になって仮眠をとるのがルーティンになっている。

メニューにも遊び心がある。醤油煎餅をトッピングする「島うどん」や、小豆島特産のオリーブをのせる「オリーブうどん」、関西をイメージしたたこ焼きとオリーブを合わせた「浮かぶタコ焼きうどん」など、気になって一度は食べてみたくなるメニューが目白押しなのだ。

島うどんもオリーブうどんも以前に食べたことがあるので、今回は浮かぶタコ焼きうどんに初挑戦。3分ほどでできあがったうどんは、ビジュアルがとくに楽しい一杯だった。タコ焼きを中央に配し、その両脇にオリーブ。タコ焼きの手前に半月型の紅白カマボコをのせ、向こうに薬味のネギ。なんと、トッピングでにこやかな笑顔を描き出していたのだ。こうなると、私は箸をつけることを少したためらってしまう。食べることで笑顔を崩してしまうことに、罪悪感のようなものを感じるのだ。せめてもの罪滅ぼしに、笑顔を写真に収めておこう。

食べても美味しいうどんである。麺は月並みな冷凍麺だけれど、あっさりした風味のつゆが全体をやさしく包み込み、満足感をベースアップさせてくれる。たこ焼きとつゆの相性も、文句なし。出汁につけて食べる明石焼きの感覚だ。むしろ、一度つゆにしっかり沈めてから食べたほうが美味しいくらいである。なお、ジャンボフェリーでは、すべての船舶にうどんコーナーがあり、同じメニューを提供している。

船内でそばを食べられる航路はほかにもあるが、２０２４年6月には佐渡汽船の船内軽食スタンドがそば・うどんの扱いを終了し、ラーメン専門になってしまった。船上そばは、減少傾向といえる。食べられるうちに食べて、そして積極的に食べることで後世に残したい。ひっそりと消え去っていくには、あまりにも惜しい文化である。

# あとがき

コロナの打撃に加え、輸入そば粉価格の急騰、それに続いて小麦粉や天ぷら用の揚げ油など食料品全般の価格が上昇し、駅そばや街なかの立ち食いそばの価格はずいぶん上がってしまった。2019年の消費増税以降、実感としては3割ほど上がっているだろうか。

そんななか、東京の地下鉄神保町駅近くに、消費増税時以来ずっと値上げせずに頑張っていた立ち食いそば店がある。私が訪れたのは2023年2月で、この時点でまだ消費増税時と同じ320円でたぬきそばを提供していた。ほかの店では400円超えが当たり前で、500円を超える店も増えてきている。消費増税時には平均的だと感じていた320円という価格設定が、2023年2月の時点では破格に安い印象に変わっていたのである。

なぜ値上げをしないのか、値上げをしなくても大丈夫なのか。店主に尋ねたところ、

「券売機の設定を変更するのに、業者を呼んで対応してもらわないといけない。そっちのほうが高くついちゃうよ。それに、私ももういい歳だから、いつまで店を続けられるか

分からないから」

と、自嘲気味の笑みをにじませて話していた。その後、2023年の秋に、この店は1割ほどの値上げを敢行している。券売機のメンテナンス業者に支払うコストを考慮しても対応せざるを得ないくらいに、食料品価格の高騰が進んでしまったのだろう。

本書執筆のための取材活動のなかでも、券売機絡みでのコスト上昇に気づかされる場面があった。某BTそばへ取材に訪れた際に、地元のテレビ局の取材と重なった。テレビ局のマイクは私にも向けられ、いわば〝逆取材〟を受けることとなったのである。このときにインタビュアーから質問されたのが、

「2024年6月に新紙幣が発行されると飲食店などでの値上げが予想されますが、どのようにお考えですか?」

という内容だった。新紙幣の発行により従来の券売機を新紙幣に対応したものに変更しなければならず、これに伴って発生する多大な設備投資コストを回収するために値上げをするのだという。

安売りのイメージが強い業界ほど、利用者は値上げに対して敏感に反応するものだ。同じ1割の値上げでも、高級レストランのコース料理が1万円から1万1000円になるの

と、駅そばが400円から440円になるのとでは、世間の反応がまるっきり違う。駅そばの世界では、10円の値上げでも

「もう行かない」

などという辛辣な意見が噴出してしまうことがあるのだ。

かくいう私も、昨今のあまりにも急激な値上げに対し、無意識のうちに財布の紐が固くなり、外食する機会が減少しているように思う。駅そばの利用頻度も、以前より少し低下しているかもしれない。

だが、それでは負のスパイラルに陥ってしまう。少なくとも私がライフワークとしている駅そばだけは、値上げ前と変わらぬペースで探訪を続けなければならないと思う。そのために必要なのは、値上げ分を補うだけの稼ぎを得ること。これまで以上に執筆ペースを上げないといけないし、頭をひねって魅力的な企画をどんどん生み出さなければならない。執筆業は、法改正で最低賃金が上昇してもなかなか稼ぎに反映されない、因果な商売である。だが実は、私は自ら選んでしまった〝お金に縁のない人生〟が愛おしくてたまらない。とにかく前を向いて、愚直に邁進していくのみである。

末筆になりましたが、本書を最後までお読みいただき、誠にありがとうございました。

予定通りに執筆が進まないなかでも辛抱強く接していただいた交通新聞社編集部のスタッフのみなさまにも、厚く御礼申し上げます。そして、美味しいそばと執筆意欲を提供し続けてくださる各店舗の運営者さまにも、心から御礼申し上げます。今後も、ますます意欲を高めて魅力ある著作を手掛けていく所存ですので、ぜひ次作以降につきましてもお付き合いいただけますよう、何卒よろしくお願い申し上げます。

2024年9月　鈴木弘毅

| 都道府県名 | 駅／ターミナル・停留所／港・フェリー／空港の名称 | 店名 | ジャンル | 掲載ページ |
|---|---|---|---|---|
| 広島県 | 広島駅 | 驛麺家 | 駅そばコラム① | 127 |
| | 広島バスセンター | 蔵まつ | BTそば | 150 |
| | 須波港 | すなみ港売店 | 海そば | 240 |
| | 忠海港 | 待合所売店 | 海そば | 240 |
| 山口県 | 小野田駅 | 日の出屋 | 駅そば | 98 |
| 徳島県 | 佐古駅 | とば作 | 駅そば | 103 |
| | 徳島とくとくターミナル | Tokutoku Cafe | BTそば | 155 |
| 香川県 | 高松港（ジャンボフェリー） | 船内ショップ | 海そばコラム | 254 |
| 愛媛県 | 今治駅 | 二葉 | 駅そば | 108 |
| | 松山空港 | うどん処 マドンナ亭 | 空そば | 192 |
| | 八幡浜港 | アゴラマルシェ フードコート | 海そば | 246 |
| 福岡県 | 折尾駅 | 東筑軒 | 駅そば | 112 |
| | 福岡空港 | 因幡うどん | 空そば | 196 |
| 佐賀県 | 新鳥栖駅 | 中央軒 | 駅そば | 117 |
| 大分県 | 別府港 | ポートフラワー | 海そば | 246 |
| 宮崎県 | 宮崎駅 | 三角茶屋 豊吉うどん | 駅そば | 120 |
| 鹿児島県 | 鹿児島港・桜島港（桜島フェリー） | やぶ金 | 海そばコラム | 254 |
| 沖縄県 | 新川営業所 | ターミナル食堂 | BTそば | 160 |
| | 那覇空港 | 空港食堂 | 空そば | 203 |

注）2024年8月現在は改修工事のため休業中（営業再開予定）

※本書の掲載内容は、著者訪問時のものです。

## ■エリア別さくいん

| 都道府県名 | 駅／ターミナル・停留所／港・フェリー／空港の名称 | 店名 | ジャンル | 掲載ページ |
|---|---|---|---|---|
| 北海道 | 栗山駅 | マミーズショップ | 駅そば | 16 |
| | 丘珠空港 | 丘珠キッチン | 空そば | 172 |
| | 函館港 | 海峡日和 | 海そば | 214 |
| 青森県 | 十和田市中央停留所 | とうてつ駅そば | BTそば | 134 |
| | 大間港 | 海峡日和 | 海そば | 214 |
| 岩手県 | 久慈駅 | 三陸リアス亭 | 駅そば | 20 |
| 宮城県 | 道の駅林林館 | 森の茶屋 立ち食いコーナー | BTそばコラム | 167 |
| 秋田県 | 秋田港 | みちのく | 海そば | 220 |
| 山形県 | 川の駅・最上峡くさなぎ停留所 | ターミナルキッチンくさなぎ | BTそば | 138 |
| 福島県 | 郡山駅 | エキナカスタンド福豆屋 | 駅そば | 26 |
| | 会津若松駅 | 立ちそば処 鷹 | 駅そば | 26 |
| | 原ノ町駅 | まるや | 駅そば | 26 |
| 栃木県 | 足利市駅 | おやまのきそば | 駅そば | 33 |
| 埼玉県 | 所沢駅 | 狭山そば | 駅そばコラム① | 127 |
| | 道の駅和紙の里ひがしちちぶ | めん処みはらし | BTそばコラム | 167 |
| 千葉県 | 成田空港 | ANA FESTA | 空そばコラム | 209 |
| 東京都 | 上野駅 | セルフ駅そば | 駅そば | 40 |
| | 新宿駅 | 十割蕎麦 さがたに | 駅そば | 46 |
| | 秋葉原駅 | 新田毎 | 駅そばコラム② | 130 |
| | 羽田空港 | 立喰そば・酒処 つきじ亭 | 空そば | 177 |
| 神奈川県 | 桜木町駅 | 川村屋 | 駅そば | 51 |
| | 横浜駅 | えきめんや | 駅そばコラム① | 127 |
| | 横浜港（大さん橋） | 全日本海員生活協同組合 立ち食いコーナー | 海そば | 226 注） |
| 静岡県 | 富士山静岡空港 | 東海軒富士見そば | 空そば | 182 |
| 長野県 | 松本駅 | 駅そば榑木川 | 駅そば | 57 |
| | 塩尻駅 | そば処 桔梗 | 駅そば | 57 |
| 新潟県 | 新潟駅 | やなぎ庵 | 駅そば | 65 |
| | 万代シテイバスセンター | 万代そば | BTそば | 142 |
| | 新潟港 | のりば食堂しおさい | 海そば | 231 |
| | 両津港 | のりば食堂しおさい | 海そば | 231 |
| 富山県 | 石動駅 | 麺類食堂 | 駅そば | 70 |
| | 立山駅 | アルペン | 駅そばコラム② | 130 |
| 石川県 | のと里山空港 | レストランあんのん | 空そば | 186 |
| 岐阜県 | 山県バスターミナル | 山県ごはん | BTそば | 147 |
| 愛知県 | 名古屋駅 | よもだそば | 駅そば | 74 |
| | 名古屋駅 | よもだそば | 駅そばコラム② | 130 |
| 三重県 | 鳥羽駅 | かもめベイテラス鳥羽 | 駅そば | 79 |
| 京都府 | 舞鶴港 | 舞鶴ショップ | 海そば | 220 |
| 大阪府 | 新大阪駅 | 浪花そば | 駅そば | 84 |
| 兵庫県 | 阪急塚口駅 | 蕎麦屋のサンジ | 駅そば | 90 |
| | 神戸港（ジャンボフェリー） | 船内ショップ | 海そばコラム | 254 |
| 島根県 | 出雲市駅 | 出雲の國 麺家 | 駅そば | 93 |

**鈴木弘毅**（すずき　ひろき）
1973年、埼玉県生まれ。中央大学卒業。学生時代に旅の魅力に目覚め、旅から派生する、駅そば、道の駅、日帰り温泉、酒場などを探求し、独自の旅のスタイルを提唱する「旅のスピンオフライター」として活躍中。とくに駅そばへの愛は果てることなく、時間さえあれば駅そばを目指し、鉄道・徒歩で“はしごそば”をする日々を過ごす。「駅そば研究の第一人者」ともいわれ、訪ねた店舗は3,000軒以上。著書に『ご当地「駅そば」劇場』『鉄道旅で「道の駅“ご当地麺”」』『全国「駅ラーメン」探訪』（交通新聞社）、『“駅酒場”探訪』（イカロス出版）など多数。

交通新聞社新書181
**「駅そば」から広がるそば巡り**
**鉄道・バス・飛行機・船へ乗る前に、至極の一杯を**
（定価はカバーに表示してあります）

2024年10月15日　第1刷発行

著　者――鈴木弘毅
発行人――伊藤嘉道
発行所――株式会社交通新聞社
https://www.kotsu.co.jp/
〒101-0062 東京都千代田区神田駿河台2-3-11
電話　(03) 6831-6560（編集）
(03) 6831-6622（販売）

カバー・デザイン―アルビレオ
印刷・製本―大日本印刷株式会社


ISBN 978-4-330-05724-8